Elävä vedanta

Amma ja Advaita

Swami Ramakrishnananda Puri

Mata Amritanandamayi Center
San Ramon, Kalifornia, Yhdysvallat

Elävä vedanta

Amma ja Advaita

Swami Ramakrishnananda Puri

Julkaisija:
Mata Amritanandamayi Center
P.O. Box 613
San Ramon, CA 94583-0613
Yhdysvallat

Suomessa: www.amma.fi

Kansainvälinen: www.amma.org,

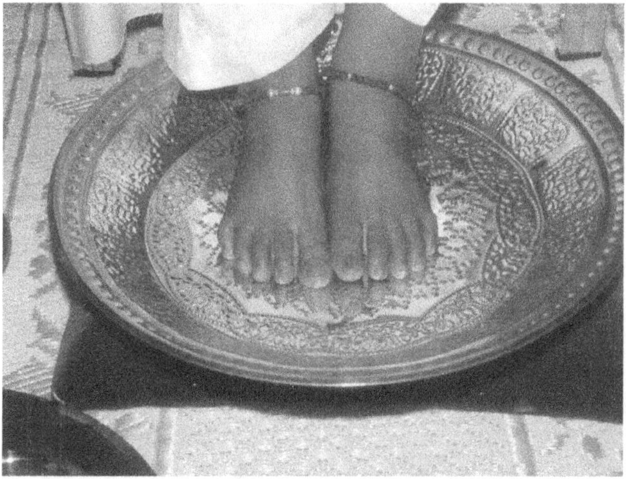

Uhrataan rakkaan sadguruni
Sri Mata Amritanandamayi Devin
lootusjalkojen juureen

Sisältö

Sri Mata Amritanandamayi

Sri Mata Amritanandamayi Devistä – tai Äiti Ammasta niin kuin hänet paremmin tunnetaan – on tullut rakas miljoonille ihmisille eri puolilla maailmaa, poikkeuksellisen rakkaudellisten ja uhrautuvaisten tekojensa takia. Syleillen hellästi jokaista, joka tulee hänen luokseen ja pitäen heitä lähellä sydäntään, Amma ilmentää rajoittamatonta rakkauttaan kaikille – riippumatta heidän uskostaan, yhteiskunnallisesta asemastaan tai syystä minkä takia he ovat tulleet hänen luokseen. Tällä yksinkertaisella ja samalla voimallisella tavalla Amma muuttaa lukemattomien ihmisten elämän, auttaen heidän sydäntään avautumaan, syleily kerrallaan. Viimeisen 45 vuoden aikana Amma on fyysisesti halannut yli 40 miljoonaa ihmistä eri puolilla maailmaa. Hänen väsymätön omistautumisensa toisten kohottamiselle on saanut aikaan laajan hyväntekeväisyysverkoston, jonka avulla ihmiset ovat saaneet kokea sen syvän rauhan ja sisäisen täyttymyksen tunteen, joka seuraa sitä, kun palvelee toisia epäitsekkäästi. Amma opettaa, että jumalallinen on kaikessa, sekä elollisessa että elottomassa luonnossa. Tämän totuuden oivaltaminen muodostaa henkisyyden ytimen – jonka avulla kärsimys päättyy. Amman opetus on yleismaailmallista. Kun hänen uskonnollista vakaumustaan tiedustellaan, hän sanoo, että hänen uskontonsa on rakkaus. Hän ei pyydä ketään uskomaan Jumalaan tai vaihtamaan uskontoaan vaan kehottaa heitä tutkimaan omaa todellista olemustaan ja että he uskoisivat Itseensä.

Esittely

Olimme siitä sitten tietoisia tai emme, niin elämällämme on vain yksi päämäärä: olla onnellisia. Saatamme tavoitella muitakin päämääriä, mutta jos analysoimme asiaa, huomaamme, että näidenkin pyrkimystemme avulla haluamme löytää onnellisuutta. Tiedostamattamme meidän mielemme punnitsee kaiken aikaa sitä, että lisäävätkö tekomme onnellisuuttamme vai vähentävätkö ne sitä.

Valitse kuusi toimea, jotka teit viimeisen 24 tunnin aikana. Sanokaamme, että 1. otit suihkun ja harjasit hampaasi, 2. harjoitit 20 minuuttia meditaatiota, 3. söit aamiaisen, 4. halasit rakastasi, 5. menit töihin ja 6. osallistuit hyväntekeväisyysjärjestön vapaaehtoistyöhön. Vaikka jokaisesta teosta koituva suora hyöty onkin erilainen, silti jokaisen teon epäsuora tarkoitus on onnellisuus. Voit sanoa, että harjaat hampaasi, koska haluat hampaittesi olevan puhtaita ja hengityksesi olevan raikas, mutta minkä takia haluamme tällaisia asioita? Asia on yksinkertainen: hampaitten reiät ovat kivuliaita ja ne vähentävät onnellisuuttamme. Samaten on noloa, kun hengitys haisee pahalta ja se tekee meidät tietoisiksi itsestämme vähentäen mielenrauhaamme.

Samalla tavoin pitäytyminen meditaation harjoittamiseen saattaa joko lisätä tai olla lisäämättä onnellisuuttamme tuolla hetkellä, mutta ihmiset, jotka meditoivat uskovat, että lopulta se tekee heistä onnellisempia ja rauhallisempia – vaikka itse harjoitus tuntuisikin toisinaan pitkäveteiseltä. Aamiainen tekee meistä kaikista onnellisia. Sanokaamme, että jätämme aamiaisen väliin. Silloin olemme tulleet siihen tulokseen, että painon pudottaminen tuo meille enemmän onnellisuutta kuin pannukakut. Niin kuin eräs supermalli sanoi kerran:

”Mikään ei maistu niin hyvältä kuin hoikkuus.”

Me menemme töihin saadaksemme rahaa ja osallistuaksemme siten yhteiskuntaan, mutta minkä tähden haluamme näitä asioita? Me tiedämme, että ilman rahaa me kärsimme. Sen lisäksi moni ihminen kokee täyttymättömyyden tunnetta, jos he eivät osallistu millään tavoin yhteiskunnan toimintoihin. Me syleilemme rakkaitamme, koska näiden ihmissuhteitten ylläpitäminen, kiintymyksen osoittaminen ja vastaanottaminen saa meidät tuntemaan eheyttä ja autuaallisuutta. Me teemme vapaaehtoistyötä, koska uskomme, että se lahjoittaa meille onnentunteita – myönteisiä tunteita, joita toisten auttaminen synnyttää meissä.

Mainitsin tästä eräälle oppilaalle kerran, jolloin hän sanoi, että hän ei ollut asiasta samaa mieltä. Hän tunsi monia ihmisiä, jotka ilmoittautuivat vapaaehtoisiksi vain yhteiskunnallisen paineen takia. Mutta minä huomautin, että jopa tällainen motivaatio syntyi halusta saavuttaa onnellisuutta. Haluamme välttää vertaistemme arvostelua. Meidän mielemme on laskelmoinut, että jos emme mukaudu toisten arvoihin, se vähentää onnen tunnettamme enemmän kuin se, että osallistumme soppakeittiön toimintaan ja menetämme siten koripallo- tai krikettiottelun. Lopulta, kaikki mitä me teemme, me teemme onnen tunteen takia.

Ammalla on oma ainutlaatuinen tapansa ilmaista tämä. Hän sanoo: ”Meidän elämämme on tarkoitus alkaa rakkaudessa, jatkua rakkaudessa ja lopulta päättyä rakkaudessa.” Mitä on rakkaus? Rakkaus on onnellisuutta. Ne ovat synonyymeja. Rakkauden ja onnen tunne ovat samaa: autuus, rauha, ilo. Niin kuin me sanomme sanskritiksi: ānanda. Mutta Amman ajatelma ei pääty tähän. Hän sanoo: ”Meidän elämämme on tarkoitus alkaa rakkaudessa, elää rakkaudessa ja lopulta päättyä rakkaudessa.

Mutta traagista kyllä, vaikka enemmistö meistä etsiikin koko elämämme rakkautta, suurin osa meistä kuolee löytämättä sitä." Amma sanoo, että vaikka meidän elämämme tähtää siihen, että saisimme kokea rakkautta ja onnea, me ikävä kyllä epäonnistumme tässä. Siksi alitajuisen mielemme laskelmointi pettää pahemman kerran, vaikka se pohtiikin kaiken aikaa sitä, mikä toisi meille eniten onnen tunnetta.

Tämä virheellinen laskelmointi tuodaan esille Bṛhadāraṇyaka Upanishadien Madhu Brāhmaṇassa. Se tarjoaa meille mahdollisuuden tarkastella henkisen etsijän tapaa tavoitella onnellisuutta. Saavutettuaan ātma-jṅānaṁin (Itse-oivalluksen) Yājṅavalkya on päättänyt jakaa omaisuutensa kahden vaimonsa kesken ryhtyäkseen sitten vaeltavaksi munkiksi. Yājṅavalkya ymmärtää jo oman todellisen olemuksensa, mutta hän haluaa omistaa elämänsä ymmärryksensä toteuttamiselle – jotta se läpäisisi hänen ajatuksensa, sanansa ja tekonsa. Hän haluaa Itse-tuntemuksesta kumpuavan sisäisen rauhan, täyttymyksen ja onnellisuuden tunteen läpäisevän alitajuntansakin.

Kun hän kertoo tästä kahdelle vaimolleen, toinen heistä – Kātyāyanī – tyytyy hänen päätökseensä. Mutta toinen heistä, Maitreyī, oivaltaa että jos hänen aviomiehensä on halukas luopumaan kaikesta omaisuudestaan ja ihmissuhteistaan, hänellä täytyy olla jotakin joka on vielä arvokkaampaa. Niinpä hän tiedustelee:

"Unohdetaan puolet omaisuudestasi... Jos omistaisin kaikki maailman omaisuudet, pelastaisiko se minut kuolemalta?"

Yājṅavalkya myöntää auliisti, että ei pelastaisi. "Se tekisi elämästäsi hyvin mukavaa", hän myöntää. "Mutta eräänä päivänä sinä silti kuolet."

Kuultuaan tämän Maitreyī ymmärtää, että sai hän sitten kuinka paljon tahansa onnea ja mukavuutta ihmissuhteista ja omaisuudesta, ne katoavat kaikki hänen kuollessaan. Hänen mielensä suorittaa onnellisuuden laskelmoinnin: 'Kuinka paljon onnen tunnetta voin saada Yājṅavalkyan omaisuudesta?' Ja hän oivaltaa: 'En kovinkaan paljon enkä kovin pitkään.'

Tyytyväisenä vaimonsa henkiseen kypsyyteen Yājṅavalkya ryhtyy kertomaan hänelle onnellisuudesta ja sen yhteydestä omistamiseen ja ihmissuhteisiin:

sa hovaca na vā are patyuḥ kāmaya patiḥ priyo bhavatyātmastu kāmāya patiḥ priyo bhavati | na vā are jayāyai kāmāya jāya priyā bhavatyātmanastu kāmāya jāya priyā bhavati |

> Yājṅavalkya sanoi: "Rakkaani, ei aviomiestä rakasteta hänen takiaan vaan oman itsensä takia. Ja rakkaani, ei vaimoakaan rakasteta hänen takiaan vaan oman itsensä takia."[1]

Tätä totuutta on vaikea hyväksyä, mutta henkiselle etsijälle tämä on tärkeä asia. Jokaisella meillä on vain yksi todellinen rakkauden kohde: se on ollut ja tulee aina olemaan yksin minä. Kaikki muut rakkauden muodot ovat toissijaisia tai alisteisia itsensä rakastamiseen nähden.

Itse asiassa advaita-vedānta kertoo meille, että ihmiset kykenevät rakastamaan vain kahta asiaa: onnellisuuden kokemusta ja eri tapoja saavuttaa onnellisuuden kokemus. Niinpä Yājṅavalkya antaa tuossa mantrassa oivalluksen siitä minkälainen on ihmissuhteitten todellinen luonne, samoin kuin heidän pian päättyvän avioliittonsa. Hän kertoo vaimolleen:

"Katsohan, saatat ajatella, että rakastat minua, mutta tosiasiassa rakastat sitä onnen tunnetta, jonka minun läsnäoloni ja tekoni synnyttävät sinussa. Sinä rakastat minua tuon onnen tuntemuksen tehokkaana synnyttäjänä. Sen takia minä olen rakastanut sinua ja myös Kātyāyanīa."

---

1 Bṛhadāraṇyaka Upaniṣad, säe 4.5.6.

Yājṅavalkyan opetus voi tuntua melko hurjalta. Se kuulostaa lähes nihilistiseltä, mutta pitää sisällään viisauden, valon ja rakkauden todellisen timantin. Sillä Yājṅavalkya ei sano pelkästään, että rakkaus on itsekästä pienellä i-kirjaimella. Hän sanoo myös, että rakkaus on 'Itsekästä', isolla I-kirjaimella. Tarkoittaen, että rakkaus on Itsen, Korkeimman Itsen, ātman todellinen olemus. Se rakkaus, jonka ajattelet saavasi omaisuudesta ja ihmissuhteista ei itseasiassa tule näistä kohteista lainkaan, se tulee sisältä. Se on todellisessa olemuksessamme olevan autuuden ilmennystä mielessämme. Me rakastamme ja janoamme tuota kokemusta, joka on ātman autuuden heijastumaa mielessämme. Me kuvittelemme virheellisesti, että sen lähde on ulkopuolellamme. Tosiasiassa me olemme tuo autuus.

Tämän väärinkäsityksen takia meidän pyrkimyksemme onneen epäonnistuvat – koska annamme suurimman painoarvon niille tavoille, joilla tavoittelemme onnea, emmekä itse onnelle. Ja kaikki ne keinot, joiden avulla tavoittelemme onnea – kuten raha, talo, omaisuus, ihmissuhteet, viihde, nautinnot ja niin edelleen – ovat rajallisia. Sen tähden ne voivat synnyttää vain olosuhteita sille, että rajallinen määrä onnea voi ilmetä mielessämme vain rajatun ajan. Jos haluamme saavuttaa lopullisen onnen – todellisen autuuden – silloin meidän tulee ymmärtää ja sisäistää se, että onni ei tule ulkoisista kohteista, vaan että onni on meidän todellinen olemuksemme. Niin kuin Amma asian ilmaisee:

”Meidän tulee siirtyä 'minä rakastan sinua' ajatuksesta 'minä olen rakkaus' (oivallukseen).”

Tätä siirtymää ei voi saada aikaan millään toimenpiteellä – maallisella tai uskonnollisella – koska kyse ei ole fyysisestä toimenpiteestä. Kyse on muutoksesta tietoisuudessa; meidän tulee ymmärtää, että rakkaus on meidän todellinen olemuksemme. Sen tähden vedāntassa sanotaan prāptasya prāptih – sen saavuttaminen, joka on jo saavutettu. Kyse on totuuden oivaltamisesta: ”Minä olen, olin ja tulen aina olemaan ikuinen, ääretön rakkauden ja autuuden lähde.”

Sanokaamme esimerkiksi, että oli olemassa mies nimeltä Cletus, joka ei jostakin syystä tiennyt, että hän oli ihminen. Hän luuli olevansa labradorin noutaja. Eräänä päivänä hän saa päähänsä ajatuksen, että hän haluaisi tulla ihmiseksi. Cletus päättää mielessään, että tämä on hänen elämänsä todellinen tarkoitus. Millään muulla ei ole väliä. Hän haluaa tehdä kaikkensa sen eteen, että tämä voisi toteutua mahdollisimman pian.

Millä tavoin Cletus voisi saavuttaa tämän? Jos hän kävelee 13 000 kilometriä, tekeekö se hänestä ihmisen? Ei tietenkään. Entäpä jos hän lopettaa koiranruoan syömisen ja ryhtyy kasvissyöjäksi? Ei. Entäpä jos hän opettelee meditoimaan ja harjoittaa sitä yhtäjaksoisesti kaksikymmentä tuntia samalla kun hän harjoittaa alaspäin katsovan ihmisen jooga-asanaa? Ei. Mikään näistä ei tee Cletuksesta ihmistä. Miksi? Koska Cletus on jo ihminen. Hän on ihminen, joka kuvittelee olevansa koira. Niinpä mikään ei voi tehdä Cletuksesta ihmistä, ei edes tieto siitä, että hän on ihminen. Koska hän on jo ihminen.

Tämä on advaita-vedāntan lähtökohta. Ei se, että me olisimme ihmisiä, jotka luulevat olevansa koiria vaan että me kaikki olemme Jumala – yksi, kaiken läpäisevä jumaluus – mutta kuvittelemme olevamme ihmisiä. Niin kuin Amma sanoo:

”Jumaluus on sinun todellinen olemuksesi. Mikään ei voi muuttaa sitä. Jos väität, että ’minä olen ego, keho, mieli ja äly’, se ei muuta asiaa miksikään. Sinun todellinen olemuksesi ei muutu sen takia, että sinulta puuttuu ymmärryskykyä. Tilanne on samanlainen kuin, jos sanomme, että maa on pannukakku eikä pyöreä. Jos jatkat sen julistamista, että maa on pannukakku uskoen väitteesi olevan totta, muuttaako se maapallon muodon toiseksi? Ei tietenkään. Olet vapaa uskomaan, että olet ego ja että ego on todellinen, mutta siitä huolimatta olet se mikä olet: ātmā. Sinun jumalallinen olemuksesi ei siitä muutu eikä vähene, vaikka et uskoisikaan siihen."

Niinpä, vaikka uskoisimme olevamme koiria tai ihmisiä, todellisuus säilyy silti samana, samalla tavoin todellisuus säilyy samana, uskoimmepa sitten olevamme egoja tai ātmā. Tietämättömyytemme ja tietomme eivät muuta totuutta.

Minkä tähden vedānta sitten painottaa niin paljon tietoa?[2] Koska kun ymmärrämme todellisen olemuksemme, elämämme saavuttaa täyttymyksen ja täydellisyyden. Me oivallamme, että se rakkaus ja onnellisuus, jota olemme etsineet koko elämämme ajan, ei ole ulkopuolellamme. Rakkaus olemme me – Jumala. Tässä tietoisuudessa me saavutamme täyttymyksen. Jatkuva pyrkimys tyytyväisyyden eteen päättyy.

---

[2] Vedānta puhuu usein 'tiedosta', mutta yhtä hyvin voisimme puhua 'tiedostamisesta', sillä 'korkein tieto' on tässä sitä, että 'tiedostamme puhtaan tietoisuuden itsessämme'. – Kääntäjän huomautus.

Sen jälkeen meidän tekomme eivät enää perustu saamiseen vaan antamiseen. Emme enää toimi siltä pohjalta, että meiltä puuttuu jotakin, sillä olemme nyt täyttyneet ja saavuttaneet. Meistä tulee Amman kaltaisia, joita pyhät kirjoitukset kuvaavat epäitsekkyyden ruumiillistumiksi.

śāntā mahānto nivasanti santaḥ vasantavalloka-
hitaṁ carantaḥ |
tīrṇāḥ svayaṁ bhīmabhavārṇaṁ janān
ahetunānyānapī tārayantaḥ ||

On olemassa rauhallisia, jalomielisiä ihmisiä,
jotka elävät kevään lailla,
tehden toisille hyvää ja jotka ovat ylittäneet
maallisen elämän kauhistuttavan
valtameren, auttaen toisia ylittämään sen,
vailla minkäänlaisia itsekkäitä tarkoitusperiä.[3]

Niinpä, pelkästään tieto siitä, että – "Sinä Cletus et ole koira vaan ihminen" – voi vapauttaa Cletuksen koirana olemisen tilasta, samalla tavoin ātmā-jñānam kuvaannollisesti vapautta meidät siitä väärinkäsityksestä, että olemme ihmisiä – rajoittuneita, kuolevaisia, sidottuja ja kärsiviä. Tämä siirtymä siinä miten ymmärrämme itseämme on se mihin viitataan mokṣalla – vapautuksella.

---

[3] Vivekacūḍāmaṇi säe 37.

Sen tähden advaita-vedānta-koulukunnan gurut julistavat: kevalād-eva jnānād-mokṣaḥ - "Tieto yksin lahjoittaa vapautuksen."[4]

Tämän kirjan nimi on Elävä vedānta. Valinta kohdistui siihen, koska sen me näemme Ammassa – jonka jokainen ajatus, teko ja sana on täydellisessä harmoniassa vedāntan periaatteiden kanssa. Sen lisäksi Amma painottaa aina puhuessaan advaitasta, että vedānta ei ole jotakin, josta me vain puhumme, vaan meidän tulee elää sen mukaisesti. Amma sanoo:

"Menneisyyden tietäjät tekivät ikuisuuksia voimallisia henkisiä harjoituksia. He elivät vedāntan mukaisesti. Suurin osa meistä vain lukee pyhiä kirjoituksia ja luennoi niistä. Tässä on kyse älyllisestä harjoituksesta. Vedānta tulee elää todeksi. Se on todellista henkisyyttä. Henkistä kehitystämme voi arvioida ainoastaan sen pohjalta, miten kykenemme säilyttämään tasapuolisuuden ja kärsivällisyytemme riippumatta ulkoisista olosuhteista ja toisia kohtaan tuntemamme rakkauden ja myötätunnon

---

[4] Ādi Śaṅkarācāryan johdanto hänen tulkintaansa koskien Bhagavad-Gītān kolmatta lukua. (Tässäkin voisi sanoa, että tiedostaminen yksin lahjoittaa vapautuksen. – Kääntäjän kommentti.)

pohjalta, joka täyttää spontaanisti sydämemme. Tähän meidän tulee keskittää huomiomme."

Niinpä tämän kirjan tavoite on esitellä henkisen tiedon ydin, lyhyt katsaus henkiseen tietoon, lyhyt katsaus siihen miten saavutamme sen ja paljastaa millä tavoin advaita on Amman perimmäinen opetus. Tutkimme myös sitä, mitä Amma tarkoittaa, kun hän puhuu "elävästä vedāntasta" ja miksi hän kokee, että sillä on niin keskeinen merkitys henkiselle etsijälle.

1

Tiedon jumalatar

Intian kulttuurissa tietoa pidetään korkeimpana – korkeampana kuin mitään muuta. Se on jopa jumalallistettu ja sitä palvotaan Sarasvati-jumalattarena, jumalallisena Äitinä. Kun kokoonnumme tai aloitamme ohjelman, sytytämme aina öljylampun. Lampun liekki edustaa tietoa. Sen sytyttämisen takana on ajatus siitä, että "siinä missä tämä liekki valaisee tämän pimeän huoneen, levitköön tieto meille kaikille ja poistakoon se tietämättömyyden pimeyden." Menneisyydessä elänyt runoilija Bhatṛhari ylisti tietoa seuraavanlaisella säkeellä:

na cora-hāryaṁ na ca rāja-hāryaṁ na bhrājyaṁ
na ca bhārakārī |
vyaye kṛtē vardhata eva nityaṁ vidyā-dhanaṁ
sarva-dhana-pradhānam ||

Sitä ei voi varastaa, eikä sille voi määrätä
veroa; veli ei voi sitä vaatia itselleen,
eikä se ole koskaan rasite. Se kasvaa alati,
kun sitä käyttää. Tiedon omaisuus
on omaisuuksista suurin.

Tiedolle on lopulta annettu niin suuri asema Intian kulttuurissa johtuen sen valtavasta kyvystä muuttaa. Meidän ymmärryksemme esineistä, ihmisistä ja Jumalasta luo suhteemme niihin. Ja vastaavasti meidän asenteestamme syntyy ajatuksemme, puheemme ja tekomme. Niinpä tietoon perustuu koko meidän elämämme. Sen laajentuminen saa aikaan täydellisen muutoksen. Tällä hetkellä meidän tietomme itsestämme ja maailmasta on virheellinen. Siitä johtuen meidän suhteemme maailmaan ja toisiimme on ongelmallinen. Vain kun oikaisemme väärän käsityksemme omasta itsestämme ja maailmasta, meidän toimistamme tulee tasapainoisia, niin kuin Amman.

Seuraava esimerkki, jota Amma käyttää, kuvaa tätä totuutta. Amma sanoo:

”Kerran erästä koulua kohtasi erityislaatuinen ongelma. Joukko tyttöjä alkoi käyttää huulipunaa, jota he laittoivat itselleen kylpyhuoneessa. Siinä ei ollut sinänsä mitään ongelmaa, paitsi että laitettuaan huulipunan he painoivat huulensa peiliä vasten poistaakseen siten ylimääräisen huulipunan. Tällä tavoin peiliin jäi tusinoittain pienten huulien jälkiä. Jokaisen päivän päätteeksi talonmieheltä meni useita tunteja siihen, että hän sai puhdistettua huulien jäljet peilistä.

Hän yritti puhua tästä oppilaille. Hän laittoi ilmoituksia kylpyhuoneisiin ja ilmoitustauluille. Mutta kukaan ei välittänyt niistä. Lopulta hän valitti asiasta rehtorille. Tämä tuli katsomaan minkälaisia jälkiä oppilaat olivat jättäneet. Hän lohdutti talonmiestä sanoen, että hän kutsuisi oppilaat koolle ja huolehtisi asiasta.

Seuraavana päivänä rehtori kutsui kaikki tytöt kylpyhuoneeseen, kohdaten heidät siellä yhdessä talonmiehen kanssa. Ensiksi hän selitti, että kaikki nämä huulipunan jäljet aiheuttivat talonmiehelle ison ongelman, sillä hänen täytyi puhdistaa kaikki peilit päivittäin. Mutta oppilaat eivät välittäneet tästä.

Rehtoria huvitti heidän välinpitämättömyytensä, niinpä hän pyysi talonmiestä näyttämään millä tavoin hän puhdisti peilit. Hän otti esille pitkän lastan, kasteli sen vessanpöntössä ja puhdisti sitten sillä peilit. Tytöt kirkuivat:

'Hyi! Tuolla tavallako peilit puhdistetaan joka päivä?'

Rehtori sanoi:

'Kyllä, peilit puhdistetaan tällä tavalla päivittäin.'

Oli selvää, ettei peilissä ollut enää koskaan huulien jälkiä."

Kerrottuaan tämän tarinan Amma lisäsi:

"Rehtorin satsang ja tyttöjen oivallus kulkivat käsi kädessä. He ymmärsivät salamannopeasti ja se taas muutti välittömästi heidän ajattelunsa, tunteensa ja toimintatapansa."

Tällainen on tiedon voima. Tytöillä oli kaikilla tietynlainen käsitys kylpyhuoneen peileistä – että ne olivat puhtaita. Nähdessään meikatut kasvonsa säteilevän siitä, he tunsivat rakkautta peilikuvaansa kohtaan. Tällainen asenne sai heidät suutelemaan peilikuvaansa. Niinpä tieto määritti heidän asenteensa, asenne määritti heidän toimintansa. Mutta sitten rehtori ja talonmies paljastivat tytöille, että heidän ymmärryksensä peileistä on virheellinen. Peilit eivät olleet puhtaita, ne oli pesty vessanpöntön vedellä. Heidän uusi ymmärryksensä peilien olemuksesta sai aikaan sen, että tyttöjen asenne peiliin muuttui vetovoimasta vastenmielisyyden tunteeseen. Ja samalla heidän toimintatapansa muuttui.

Valon lailla tieto valaisee ja selventää asioita, jotka olemme ymmärtäneet aiemmin väärin. Tiedon eri alueilla tieto itsestämme on ainutlaatuinen, sillä se muuttaa meidät kokonaan. Näin käy, koska se muuttaa käsityksemme täydellisesti ja lopullisesti siitä keitä me olemme. Muilla opinalueilla ei ole loppua. Sillä mitä tulee aineellisten tieteiden opiskeluun, niin mitä enemmän me tiedämme, sitä paremmin me oivallamme sen mitä emme tiedä. Jos ryhdymme opiskelemaan aineellisia tieteitä tuntien itsemme sisäisesti puuteellisiksi, niin opiskeleminen ei tule saamaan aikaan muutosta tässä. Saatamme tulla tietorikkaiksi historiassa, fysiikassa, nanotieteessä tai kemiassa, mutta tulemme siitä huolimatta kokemaan itsemme vieraantuneiksi, yksinäisiksi, masentuneiksi ja puutteellisiksi.

Tätä kuvataan kauniisti *Chāndogya Upaniṣadeissa*. Nārada, joka oli oppinut mies, lähestyi tietäjää nimeltä Sanatkumāra. Nārada oli kuullut hänen suuruudestaan ja halusi ryhtyä hänen opetuslapsekseen. Hän esitteli itsensä ja ryhtyi luettelemaan saavutuksiaan elämässä. Kyse oli pitkästä listasta: kaikki oppiaineet, joita hän on opiskellut, kaikki taiteenlajit, jotka hän hallitsi, eri tieteen ja tiedon alat, oppiarvot, jotka hän oli saavuttanut ja niin edelleen. Se oli vaikuttava lista, joka näytti jatkuvan loputtomasti. Nārada tunnusti:

So'haṁ bhagavaḥ śocāmi - "Kunnioitettu, olen silti surullinen."

Upaniśadit selittää, että tieto itsessään on vastaus, mutta ei aineellinen tieto. Se mitä tarvitaan ei ole aistikohteita koskeva tieto vaan tietäjää koskeva tieto: *tarati śokam ātmavit* – "Itsen tuntija ylittää surun". Tässä on henkisyyden ydin. Amma ilmaisee saman asian sanomalla:

"Kun elämme elämämme tietäen, että ātmā on ikuisen rauhan lähde, silloin kykenemme välttämään tai ylittämään surun."

Mieleeni muistuu, kun eräs lehtimies pyysi kerran Ammaa selittämään henkisyyden ytimen yhdellä lauseella. Amma vastasi sanoen:

"Tunne itsesi."

Nāradan lailla me olemme saavuttaneet monia asioita elämässämme. Ongelma on siinä, että me odotimme kestävää onnea noista saavutuksistamme. Taiteen ja kirjallisuuden opiskeleminen ja se että opimme tuntemaan maailmaa ja eri tieteen lajeja on hienoa. Ne voivat rikastaa elämäämme monin eri tavoin, mutta ne eivät lahjoita meille todellista, kestävää onnea. Tämä ei johdu mistään meidän laiminlyönnistämme vaan siitä, että ne eivät kykene siihen. Aidon onnen odottaminen tällaisista saavutuksista on samaa kuin odottaisi postissa timanttien saapumista.

Kerran kaksi liikemiestä käveli puistossa, jolloin ensimmäinen liikemies sanoi toiselle:

"Jos annat minun lyödä sinua kasvoihin, annan sinulle viisituhatta dollaria."

Toinen liikemies mietti hetken ja suostui sitten. Pam! Ensimmäinen liikemies löi toista kasvoihin. Sitten hän kirjoitti viidentuhannen dollarin shekin ja he jatkoivat kävelemistä. Joitakin minuutteja myöhemmin toinen liikemies sanoi:

"Hei, jos annat minun lyödä sinua kasvoihin, annan sinulle viisituhatta dollaria."

Ensimmäinen liikemies suostui ja – pam! – häntä lyötiin kasvoihin. Käveltyään vähän eteenpäin, ensimmäinen liikemies pysähtyi. Hän katsoi ystäväänsä. Heillä molemmilla oli verinen nenä. Hän sanoi:

"En voi mitään sille, mutta minusta tuntuu, että meitä kumpaakin lyötiin kasvoihin ilman mitään syytä."

Toinen liikemies vastasi:

"Mitä? Me kohotimme yhdellä kädellä bruttokansantuotetta kymmenellä tuhannella dollarilla!"

Asian ydin on siinä, että maallisilla tavoitteilla ja objektiivisella tiedolla on oma arvonsa. Mutta onnellisuuden näkökulmasta katsottuna sen arvo on parhaimmillaankin vain teoreettista.

Vedānta kertoo meille, että kuljemme elämän halki perusteellisen väärän käsityksen vallassa, koskien maailmaa ja sen kohteita, samoin kuin omaa itseämme – sitä keitä me olemme. Valitettavasti nämä virheelliset näkemykset määrittävät meidän suhtautumisemme maailmaa ja itseämme kohtaan. Sen lisäksi tämä meidän asenteemme, joka perustuu virheelliseen käsitykseen, määrittää meidän elämämme suunnan. Jos voimme oikaista väärän, meidän kielteisistä asenteistamme tulee myönteisiä ja me löydämme elämäämme rauhan ja tasapainon. Meidän surumme katoaa. Jotta näin voisi tapahtua, tarvitaan pelkästään tietoa – todellista tietoa meistä Itsestämme.

Sallikaa minun päättää tämä luku esimerkillä. Kerran mies meni vuosittaiseen lääkärintarkastukseensa. Lääkäri suoritti muutamia kokeita ja kehotti häntä palaamaan seuraavalla viikolla. Viikkoa myöhemmin mies palasi ja häntä kehotettiin menemään lääkärin toimistoon. Lääkäri kehotti häntä istuutumaan ja tuijotti sitten keskittyneesti tietokoneensa ruutua. Yhtäkkiä lääkäri rypisti otsaansa ja sanoi:

”Ei, ei, ei, tämä ei ole lainkaan hyvä asia.”

Mies jäykistyi välittömästi ja kysyi:

”Mistä on kyse, tohtori? Onko kyse syövästä?”

"Mitä?" lääkäri kysyi. "Ei, sinä olet kunnossa. Minun golftoverini vaihtoi teetapaamisemme ajankohtaa."

Vedānta sanoo, että me olemme kaikki tämän potilaan kaltaisia. Meidän väärä ymmärryksemme maailmasta ja itsestämme saa meidät täyttymään jännityksellä ja huolilla. Lääkärin sanoessa: "Ei, sinä olet terve" mies täyttyi heti rauhan tunteella. Samalla tavoin, kun ymmärrämme ja omaksumme sen mitä Amma ja pyhät kirjoitukset kertovat meille, me löydämme rauhan. "Älä ole huolissasi. Sinä olet kunnossa," on vedāntan ydinopetusta. Ero lääkärin ja vedāntan välillä on siinä, että lääkäri puhuu kehostamme. Vedānta puhuu meidän todellisesta Itsestämme – ātmāsta. Kehomme on toisinaan terve, toisinaan sairas, mutta ātmā on ikuinen, alati vapaa kärsimyksestä, aina puhdas, ikuisesti autuaallinen ja aina vapaa.

2

Vivekan sakset

Itse-tuntemus on hyvin hienoviritteistä. Se johtuu siitä, koska tiedon kohde ei tässä ole objekti vaan subjekti. Ajatelkaapa erilaisia tiedon muotoja, joita omaamme tällä hetkellä: tietoa urheilusta, musiikista, maantieteestä, sukulaisistamme, aineellisesta tieteestä, matematiikasta ja niin edelleen. Kaikissa näissä esimerkeissä tiedon kohde on meistä itsestämme erillinen. Tiedämme tämän siitä, kun ryhdymme opiskelemaan, vastaamme tulee silloin kaksi eri tekijää: minä, subjekti ja sitten tiede, opiskelumme kohde. Molekyylibiologia, joka tutkii molekyylien toimintaa, on hienosyinen tieteenala, jos sitä verrataan vaikkapa anatomiaan. Ja psykologiaa voisi pitää vielä hienosyisempänä, sillä se käsittelee jotakin sellaista, jota ei voi havaita edes mikroskoopilla vaan joka on näkymätöntä – mielen toimintaa. Vielä näitäkin hienosyisempää on ātman tutkiminen. Vaikka molekyylibiologia on erittäin hienosyistä, kyse on silti siinäkin kohteesta. Samalla tavoin, vaikka emme näekään psyykettä, voimme silti havaita sen seurausvaikutukset. Ātmaa ei kuitenkaan voi havaita, olipa meillä sitten kuinka hienoja tutkimuslaitteita tahansa. Johtuen siitä, että sillä ei ole ominaisuuksia, joita voisi havaita. Sen tähden Upaniṣadit julistavat, että ātma on *anubhyo'anu* - "hienoakin hienompi."[1] Ja: *naiva vācā na manasā prāptuṁ śakyo na cakṣuṣā* - "Sitä ei voi tavoittaa puheella, mielellä tai silmällä."[2] Ja: *yato vāco nivartante, aprāpya manasā saha* - "Kykenemättä tavoittamaan ātmaa, sanat ja mieli palaavat takaisin."[3]

Amma puhuu samasta asiasta. Hän sanoo: "Tiede tutkii ulkoista maailmaa, kun taas henkisyys tutkii sisäistä maailmaa – olemassaolomme ydintä. Näistä ensimmäinen käsittelee maailmaa, jonka voimme nähdä. Toinen käsittelee näkijää – sisällämme asustavaa Itseä, jota ilman nimien ja muotojen moninainen maailma ei voi olla olemassa. Ensi mainittu on karkea, jälkimmäinen hienovireinen. Niinpä ātmān tunteminen ei ole yhtä helppoa kuin kehon ja siihen liittyvien halujen tunteminen. Ihmiset tavoittelevat luonnostaan tunnettua eikä niinkään tuntematonta, joka on todellisuudessa meidän Todellinen Itsemme.

---

[1] Mundaka Upaniṣad, 2.2.2
[2] Kaṭha Upaniṣad, 2.3.23
[3] Taittirīya Upaniṣad, 2.9.1

Sen tähden he kallistuvat maailman karkeiden kohteiden suuntaan henkisyyden ja elämän hienosyisten asioiden sijasta."

Tällaisten näkemysten kuuleminen saattaa ärsyttää meitä. Meillehän lopultakin sanotaan, että emme voi koskettaa ātmaa. Emmekä voi nähdä sitä tai kuulla sitä, ja niin edelleen. Eikä se voi edes olla ajatuksen kohde. Samaan aikaan meille kerrotaan, että sen tunteminen on ainoa keino saavuttaa se rauha, onnellisuus ja täyttymyksen tunne, jonka saavuttamiselle olemme omistaneet koko elämämme. Tämä kuulostaa paradoksilta. Meistä saattaa tuntua niin kuin nuoresta naisesta, jolle hänen uusi pomonsa kertoo sen jälkeen, kun hän on saanut työpaikan:

"Unohda kaikki mitä olet oppinut yliopistossa. Se on hyödytöntä täällä!"

Nainen sanoo:

"En minä ole käynyt yliopistoa."

Pomo vastaa tähän sanoen:

"Olet erotettu. Me palkkaamme vain tutkinnon suorittaneita."

Älkäämme olko huolissamme. Vaikka tuntisimme itsemme turhautuneiksi, pyhät kirjoitukset neuvovat meille mistä voimme aloittaa. Ne sanovat, että jos et voi tuntea ātmaa suoraan sanoen, että ”Se on tämä”, miksi et silloin pyrkisi tuntemaan sen päinvastaisella tavalla – tunnistamalla kaiken sen mitä se ei ole: ”Se ei ole tämä.” Jos voimme poistaa kaiken tällä tavoin, voimme kenties lopulta saapua todelliseen olemukseemme tällaisen poistamisvaiheen jälkeen. Kukaan ei tietenkään samastu ulkoiseen maailmaan, ongelmana on samastumisemme keho-mielemme erilaisiin olemuspuoliin.

Pyhissä kirjoituksissa tämä menetelmä esitellään eri tavoin. Jotkut näistä pitävät sisällään pañca-kośa vivekan – Itsen erottelemisen viidestä eri kehosta, śarīra-traya vivekan – Itsen erottelemisen karkeasta, hienosyisestä ja kausaalisesta kehosta ja avasthā-traya vivekan – Itsen erottelemisen valveilla olon, unennäön ja syvän unen tiloista. Nämä ovat kaikki eri menetelmiä saman päämäärän saavuttamiseksi. Jokaisen menetelmän avulla meille selviää, että meidän keho-mieli-kokonaisuutemme ei ole Itse. Siitä johtuen näihin menetelmiin viitataan yleisesti ātma-anātmā vivekana – Itsen ja ei-Itsen erotteluna toisistaan.

Śrī Ādi Śhaṅkarācārya esittelee laaja-alaisessa advaitaa käsittelevässä teoksessaan *Vivekacūḍāmaṇi* 50:n säkeen verran perusteellisesti pañca-kośa vivekaa.[4] Kyse on hyvin hyödyllisestä menetelmästä, joka jakaa ihmisen persoonallisuuden viiteen kośaan (kehoon), joista jokainen on aina edellistä hienosyisempi. Ja nämä ovat annamaya kośa – ruokakeho eli aineellinen keho, jonka perusta on ravinnossa jota syömme, prāṇamaya kośa – energiakeho, joka hallitsee meidän hermostomme, sydämemme ja verisuoniemme ja hormoniemme toimintaa, manomaya kośa – psyykkinen keho, joka koostuu aisteista ja ajatuksista ja tunteista sekä vijñānamaya kośa – keho, joka koostuu siitä tunteesta, että olemme erillinen yksilö, ego, joka tahtoo toimia ja uskoo, että "Minä olen ajattelija, toimija ja kokija" ja lopulta ānandamaya kośa – autuuden kokemisen keho.

Itse tekstissä Śhaṅkarācārya kuvaa elävästi jokaista kośaa sekä sitä miksi mikään niistä ei voi olla ātmā. Hän esittää esimerkiksi kymmenen syytä sille miksi ātmā ei voi olla annamaya kośa – fyysinen keho:[5] 1) ātmā on ikuinen ja ruumis ei selvästikään ole sitä, 2) ātmā on puhdas ja ruumis taas on täynnä epäpuhtauksia, 3) ātmā

---

[4] Pañca-kośa vivekan alkuperäinen lähde löytyy Taittirīya Upaniṣadin toisesta luvusta, nimeltä Brahmānanda Vallī.

[5] Vivekacūḍāmaṇi, 154-164.

on tunteva ja aineellinen keho taas on eloton, 4) on olemassa monia aineellisia kehoja, mutta vain yksi ātmā, 5) aineellisessa ruumiissa on ominaisuuksia, ātmā taas on vailla ominaisuuksia, 6) ātmā on muuttumaton ja ruumis taas muuttuu jatkuvasti, 7) aineellinen ruumis ei ole riippumaton todellisuus ja ātmā taas on ainut riippumaton todellisuus, 8) aineellisessa kehossa on osia, kuten käsivarret ja jalat, ātmā on vailla osia, 9) aineellista ruumista hallitaan, kun taas ātmā on se, joka hallitsee sitä ja 10) ātmaa ei voi havaita, kun taas me voimme selvästi havaita omat kehomme.

Śhaṅkarācāryan perustelu on looginen. Hänen loogiikkansa on kuitenkin usein tietynlaista – sellaista, joka perustuu pyhien kirjoitusten tietoon ja niihin uskomiseen. Ottakaamme esimerkiksi tämän perustelu, jonka mukaan aineellisen ruumiin täytyy olla erillinen ātmāsta, koska ātmā on ikuinen ja aineellinen keho taas ei ole ikuinen. Ruumiin kuolevaisuus on selvä asia. Me olemme korostetun tietoisia siitä tosiasiasta, että lihamme ja luumme kuolevat lopulta ja jos niitä ei polteta, ne mätänevät. Voimme loogisesti päätyä tähän johtopäätökseen analysoimalla kaikkia aineellisia kehoja, jotka näemme maailmassa. Ne kaikki tulevat kuolemaan. Niinpä voimme loogisesti päätellä, että myös meidän kehomme tulee kuolemaan. Mutta kuinka ihmeessä voimme tietää, että Itse on luoteeltaan ikuinen? Kyse on uskosta. Meidän ainoat tiedonlähteemme tässä asiassa ovat pyhät kirjoitukset ja Amman kaltaisten mahātmojen opetukset. Jos opiskelemme niitä, voimme havaita Bhagavad-Gītān sanovan:

na jāyate mriyate vā kadācit
nāyaṁ bhūtvā'bhavitā vā na bhūyaḥ |
ajo nityaḥ śāśvato'yaṁ purāṇo
na hanyate hanyamāne śarīre ||

Itse ei koskaan synny eikä koskaan kuole. Ollessaan olemassa, se ei koskaan lakkaa olemasta. Se on syntymätön, ikuinen, muuttumaton ja ikuisesti sama. Eikä se tuhoudu, kun ruumis tuhotaan.[6]

Ja mitä Amma sanoikaan, kun jotkut kyläläiset tulivat tappamaan häntä, jos hän ei lopettaisi darśanin antamista? Hän hymyili ja sanoi:

”En pelkää kuolemaa. Voitte tappaa tämän ruumiin, mutta ātmā on ikuinen, tuhoutumaton. Ette voi tappaa ātmaa.”

---

[6] Bhagavad-Gītā, 2.20.

(Kuinka myötätuntoinen Amma onkaan! Kṛṣṇa opetti Arjunalle ātma-jňānaa taistelukentällä, mutta Amma pyrki lahjoittamaan tiedon Itsestä potentiaalisille murhaajilleen.)

Voidaksemme ottaa käyttöön tämän logiikan – että aineellinen keho ei voi olla ātmā koska se ei ole ikuinen niin kuin ātmā – meidän täytyy opiskella pyhiä kirjoituksia tai Amman kaltaisen mahātmān ajatuksia. Eikä sekään vielä riitä, että olemme opiskelleet niitä, meidän täytyy sen lisäksi omata uskoa niihin. Sen jälkeen, kun perusta on luotu, voimme verrata ja asettaa vastakkain Itsen olemuksen – kuolemattomuuden – ja aineellisen kehon olemuksen – kuolevaisuuden – ja tulla siihen tulokseen että aineellinen keho ei voi olla ātmā. Puhtaan logiikan näkökulmasta katsottuna voisimme sanoa, että "Jos on olemassa jotakin sellaista, mitä voisi kutsua ātmāksi, joka on kuolematon, sen täytyy silloin olla erillinen aineellisesta kehosta, joka on selkeästi kuolevainen."

Voin esimerkiksi kertoa teille, että Upaniṣadeissa sanotaan prajňānaṁ brahma – "Tietoisuus on Brahman (Jumala)."[7] Jos omaat uskoa pyhiin kirjoituksiin, niin tämä on voimallinen lausunto.

---

[7] Aitareya Upaniṣadit, 3.1.3

Mutta jos taas et usko, niin saatat reagoida ja sanoa:

"Sepä mukavaa, Swāmīji. Tähtien Sodan jaksossa IV – Uusi toivo, Obi Wan Kenobi sanoo: 'Voima tulee olemaan kanssasi aina', mutta minä en tule perustamaan elämääni sille!"

Sen tähden, koska monet, jotka lukevat tätä kirjaa eivät välttämättä ole perehtyneet Intian pyhiin kirjoituksiin, käytämme sitä ātma-anātmā vivekan menetelmää, jota kutsutaan dṛg-dṛśya vivekaksi – jossa erotellaan näkijä ja nähty toisistaan. Tämä menetelmä on puhtaasti looginen eikä edellytä pyhien kirjoitusten tuntemusta.

Dṛg-dṛśya viveka perustuu muutamaan loogiseen seikkaan: 1) ilmiötä ja siihen liittyviä ominaisuuksia ei voi koskaan aineellisesti erottaa toisistaan. 2) Koska ilmiötä ja sen ominaisuuksia ei voi fyysisesti erottaa toisistaan, ne koetaan aina samanaikaisesti. 3) Jos ilmiö ja sen ominaisuudet muodostavat yhdessä koetun kohteen, silloin täytyy olla olemassa kokija, joka on erillinen sekä ilmiöstä että sen ominaisuuksista. 4) Niinpä kaikki koetut ominaisuudet kuuluvat kokemuksen kohteena olevaan ilmiöön, eivätkä ne voi koskaan kuulua minulle, kokijalle.

Tarkastelkaamme ensimmäistä askelmaa: *Ilmiötä ja sen ominaisuuksia ei voi koskaan erottaa aineellisesti toisistaan.* Voimme selventää tätä esimerkin avulla – tuli. Mitkä ovat tulen tärkeimmät ominaisuudet? Kuumuus ja valo. Ei voi olla olemassa kylmää ja pimeää tulta. Entä voimmeko erottaa nuo ominaisuudet tuosta ilmiöstä? Voimmeko erottaa "kuumuuden" ominaisuuden tulesta ja sijoittaa sen siitä erilleen? Emme, se on mahdotonta. Vaikka älyllisesti erottaisimme "tulen" "kuumuuden" ominaisuudesta, emme voi aineellisesti erottaa niitä toisistaan. Sen tähden ilmiön ja sen ominaisuuksien välistä suhdetta kutsutaan *samavāya saṁbandhaksi* - luonnolliseksi suhteeksi. Niinpä tämä on meidän ensimmäinen looginen lainalaisuutemme: *Ilmiötä ja sen ominaisuuksia ei voi koskaan erottaa aineellisesti toisistaan.*

Seuraava askelma on ensimmäisen lainalaisuuden laajennus. Ajatelkaamme sarjaa erilaisia ominaisuuksia: lihava, laiha, tumma, punainen, pyöreä, pehmeä, terävä... Yhtäkään näistä ominaisuuksista ei voi kokea ilman jotakin ilmiötä. Jos sanoisin sinulle, että "Tunsitko sen terävyyden?", siinä ei olisi mitään järkeä. Sinä kysyisit heti: "Minkä terävyyden?" Näin on koska – aivan niin kuin juuri toimme esille – ominaisuuksia ei voi koskaan erottaa itse ilmiöstä. Ja silti me koemme teräviä esineitä, punaisia esineitä, hoikkia ja pyöreitä olentoja. Niinpä, jos koemme terävyyttä ja tiedämme, että ominaisuutta ei voi erottaa itse ilmiöstä, silloin saavumme tähän johtopäätökseen: *Kaikki ominaisuudet, joita koemme, kuuluu jollekin tietylle ilmiölle.* Niinpä en voi kokea neulan terävyyttä kokematta samalla itse neulaa. Samaten, en voi kokea neulaa kokematta sen terävyyttä. Itse ilmiön ja sen ominaisuuden kokeminen on näin ollen yksi ja sama kokemus. Niinpä, *kaikkien ominaisuuksien kokeminen kuuluu osana kokemaamme ilmiöön.*

Sitten seuraa toinen lainalaisuus, joka on hyvin tärkeä advaitassa: *Koettu kohde eli objekti ei voi koskaan olla kokija-subjekti.* Kokija ei voi koskaan olla oman kokemuksensa kohde. Ottakaamme esimerkiksi silmä – näkökykymme mahdollistava elin. Omalla suhteellisella tavallaan tämä elin on kokija-subjekti. Sen näkökyvyn avulla voimme nähdä äärettömän määrän kohteita: television, oven, perheenjäseniämme, omat kätemme ja jalkamme, pilviä taivaalla, vuoria kaukaisuudessa ja jopa valoa, jota triljoonien kilometrien päässä olevat tähdet lähettävät. Oikeanlaisissa olosuhteissa meidän silmämunamme voi nähdä toisen silmämunamme. Mutta on olemassa yksi asia mitä silmämunamme ei voi nähdä: se ei voi suoraan nähdä itseään. Niinpä, *koettu kohde eli objekti ei voi koskaan olla kokija-subjekti.*

Nyt seuraa lopullinen askelma: Koska kaikki koetut ominaisuudet – lihavuus, pituus, pyöreys, kuumuus, kylmyys ja niin edelleen – kuuluvat koettuun ilmiöön, siitä seuraa, että *mikään koettu ominaisuus ei voi kuulua minulle, kokija subjektille.*

Jos otamme pañca-kośat yksitellen, mitä havaitsemme? Meidän ihomme saattaa olla tumma, ruskea tai valkoinen. Siinä voi olla luomia, pisamia tai arpia. Se voi olla karvainen, pehmeä tai ryppyinen... Yhtä kaikki, nämä ovat kaikki ominaisuuksia ja siten osa ilmiötä, jota kutsutaan kehoksi. Tuo yhtenäinen kokemus kehosta ja sen ominaisuuksista on selkeästi kokemuksemme kohde. Sen tähden – koska koetut ominaisuudet eivät voi kuulua minulle, kokija-subjektille – keho ja sen ominaisuudet eivät voi olla minä. Jos pyrimme toteamaan, keitä me olemme poissulkemisen avulla, silloin voimme tämä loogisen menetelmän avulla varmuudella sulkea pois sen, että me olisimme keho.

Samalla tavoin voimme kokea tiettyyn rajaan asti prāṇamaya kośan ominaisuuksia – sitä kuinka energia virtaa kehon lävitse. Energia ilmenee ruoansulatuksessamme, sydämenlyönneissämme, verenpaineessamme, lämpötilassamme, hengityksemme tiheydessä. Kaikki nämä ominaisuudet kuuluvat kehollisen energiamme ilmiömaailmaan. Sen tähden, nuo ominaisuudet ja ilmiöt eivät voi olla me itse.

Entäpä sitten mieli – manomaya kośa? Sekin on ilmiö, johon liittyy tietyt ominaisuudet, jotka koemme. Joku voi kysyä meiltä: ”Kuinka sinä voit?” Ja me sanomme: ”Oi, olen niin onnellinen”, tai ehkäpä sanomme: ”Olen hieman surullinen tänään”. Me koemme onnellisuuden tai surun ominaisuudet. Samalla tavoin me koemme sen, miten meidän muistimme toimii, nopeasti tai hitaasti tai kun olemme täynnä epäilyksiä tai olemme vakuuttuneet. Tätä kaikkea voimme tarkastella. Vakuuttuneisuus, epäilykset, halu, onnellisuus, turhautuminen, masentuneisuus, suru, iloisuus, kateellisuus, ahneus ja niin edelleen – nämä ovat ominaisuuksia, jotka kuuluvat ilmiöön nimeltä ’mieli’. Kokiessani niitä koen myös itse ilmiötä eli mieltä. Koska koettu kohde ei voi olla kokija-subjekti, se tarkoittaa, että jopa mieli – kaikkine muuttuvine ominaisuuksineen – ei voi olla minä.

Seuraava taso meidän persoonallisuudestamme on vijñānamaya-kośa. Se pitää sisällään älyn ja sen, johon viitataan käsitteellä ahaṅkāra – ego. Vijñānamaya-kośa synnyttää meille tunteen siitä, että olemme äärellisiä yksilöitä, jotka omaavat seuraavat ominaislaadut - kartṛtvaṁ, bhoktṛtvam ja pramātṛtvam – tekijä, nauttija ja havaitsija. Tämä persoonallisuutemme puoli saa meidät sanomaan: "Minä teen tämän", "Minä koen näin", "Minä ajattelen näin". Jos me samastumme manomaya kośaan, silloin samastumme sellaisiin tunteisiin kuin kateus, jolloin vijñānamaya-kośa saa meidät ajattelemaan, että "Minä olen se, joka on kateellinen".

Jokainen keho on sisäänpäin mentäessä aina hienosyisempi ja hienosyisempi. Sen johdosta jokaista vaippaa on aina hieman vaikeampi erottaa Todellisesta Itsestä – ātmāsta. Mutta meidän tulisi huomioida, että se seikka, että voimme puhua tästä persoonallisuutemme ominaisuudesta viittaa siihen, että kyse on tietoisuutemme kohteesta. Ja sen lisäksi, eivätkö kokemukset siitä, että "minä teen tämän", "minä koen tämän", "minä ajattelen näin" tule ja mene? Syvässä unessa kokemus siitä, että olemme rajallisia, muista erillisiä olentoja ilmiselvästi katoaa. Sitten herätessämme se ilmenee jälleen. Silti meillä on ihmeellisesti vaimea muisto siitä ajattomasta kokemuksesta, jolloin se oli poissa – jolloin emme tienneet mitään mistään, oli vain tyhjää, pohjatonta autuutta. Niinpä, vaikka ahaṅkāra on hyvin hienoviritteinen, se on silti tietoisuudelle kohde. Śaṅkarācārya tuo tämän esille Bhagavad-Gītān kommentaarinsa lopuksi:

> Kun jatkuva harhakäsitys siitä, että keho ym. on ātmā, poistuu syvän unen tai samādhin tai muun aikana, silloin ei ole havaittavissa enää ongelmaa, tunnetta tekijästä tai nauttijasta.[8]

Myös Amma käyttää syvän unen kokemusta esimerkkinä siitä, että ego ja sen käsitteet 'minä' ja 'minun' ovat väliaikaisia kokemuksia, niinpä ne eivät voi olla Itse – subjekti. Amma sanoo:

"Lapsi haluaa nukkea niin paljon, että itkee monta tuntia. Lopulta hän saa nuken ja leikkii sen kanssa jonkin aikaa. Hän ei anna kenenkään muun koskettaa sitä. Hän menee nukkumaan pitäen nukkea tiukasti vierellään. Mutta kun hän nukkuu, nukke putoaa lattialle eikä lapsi ole siitä lainkaan tietoinen. Tai mies piilottaa kultaa tyynynsä alle ja käy nukkumaan päänsä levätessä tyynyllä. Mutta kun hän on unessa, varas tulee ja ryöstää kullan. Kun mies oli hereillä, hän ei voinut ajatella mitään muuta kuin kultaa ja sen tähden hän ei kokenut mielenrauhaa. Mutta

---

[8] Śaṅkarācāryan kommentaari Bhagavad-Gitan säkeestä 18.66.

unessa hän unohti kaiken, hän ei ollut tietoinen itsestään eikä perheestään tai omaisuudestaan. Kun me heräämme, 'minun nukkeni', 'minun kaulakoruni' ja 'minun perheeni' kokemus palaa jälleen. Kun tunne 'minusta' palaa, kaikki muukin palaa sen myötä."

Lopulta saavumme kaikkein hienosyisimpään kehoon, ānandamaya-kośaan. Kirjaimellisesti autuuskehoon. Tulemme tietoiseksi ānandamaya-kośasta kokiessamme onnellisuutta, iloa, autuutta. Koemme sitä kaikkein syvimmin syvässä unessa ja aina kun olemme suuren ilon vallassa saatuamme jotakin mitä olemme halunneet, silloin koemme ānandamaya-kośaa. Emme kykene tarkkailemaan syvää unta pitkiä aikoja, koska syvän unen aikana mieli, joka arvioi asioita, on väliaikaisesti lakannut olemasta. Siitä huolimatta herättyämme meillä on ihmeenomaisesti heikko mielikuva siitä, että olemme kokeneet autuutta. Mistä muusta syystä ajattelisit, että nautimme niin paljon nukkumisesta? Minkä takia sanomme: "Ei vielä! Viisi minuuttia lisää!", kun joku kehottaa meitä nousemaan ylös? Koska unta näkemättömässä unessa me sulaudumme väliaikaisesti autuuden mereen. Amma sanoo:

"Syvässä unessa kokemamme autuus antaa meille energiaa, jonka koemme herättyämme."

Noina syvän unen hetkinä meidän mielemme katoaa. Samalla katoaa meidän kokemuksemme ajasta ja paikasta. Silti koemme yhä ānandamaya-kośan. Tiedämme tämän siitä, koska me kaikki omaamme herättyämme kalpean muiston siitä, että "En tiennyt mitään, olin autuudessa". Muistamme sen kokemuksena – jossa ei ollut aikaa eikä paikkaa. Se seikka, että me omaamme muiston siitä autuudesta, jonka koimme syvässä unessa, todistaa että se on meistä erillinen.

Kysymys saattaa herätä: "Kuinka voin muistaa jotakin, joka tapahtui silloin, kun se ominaisuus, joka tallentaa muistot, ei ollut toiminnassa?" Kun emme voi sanoa tarkalleen "miten" se tapahtui, meidän täytyy olettaa, että se tapahtui, muuten meillä kenellekään ei olisi siitä muistoa. Intialainen tietoteoria viittaa tällaiseen tietämisen tapaan käsitteellä arthāpatti – oletus. Klassinen esimerkki tästä on, että jos joku on lihava eikä hän koskaan syö mitään päiväsaikaan, silloin voimme olettaa, että hän syö yöaikaan. Samalla tavoin, voimme olettaa, että jos olemme kokeneet autuutta syvässä unessa, vaikka emme voikaan selittää miten tuo muisto on syntynyt, meidän on täytynyt kokea autuutta.

Ja mitä tulee onnen tunteeseen, joka koemme päivän aikana – oli sitten kyse hyvistä uutisista tai jäätelön syönnistä ja yhteisestä ajasta rakkaittemme kanssa – tuon onnellisuuden kokeminen on kohde. Miten muuten voisimme arvioida sitä? "Oi, olin silloin onnellinen, mutta en niin kuin nyt?" ja niin edelleen. Jopa onni, jonka joogit kokevat samādhissa on kohde. Sen tähden se ilmenee, kun joogi vaipuu tähän tilaan ja poistuu siitä, kun hän jättää tämän tilan taakseen. Kaikesta huolimatta oli sitten kyse samādhista, syvästä unesta tai siitä että saamme tietää voittaneemme lotossa, niin mikä tahansa autuus, jonka koemme, täytyy määritelmän mukaisesti olla kohde – kokemuksemme kohde. Sen tähden se on ilmiöön liittyvä ominaisuus – kutsuttiin sitä sitten ānandamaya kośaksi tai joksikin muuksi. Koen tiettyä ilmiötä ja siihen liittyvää ominaisuutta. Sen tähden se ei voi olla minä – subjekti.

Ongelmamme on siinä, että me samastamme nämä ulkoiset ilmiöt ja niihin liittyvät ominaisuudet – jotka ovat selkeästi kokemuksemme kohteita – itseemme. Mutta se tosiasia, että me koemme ne tarkoittaa, että ne ovat selkeästi kohteita – eivät meidän Itsemme. Bṛhadāraṇyaka Upaniṣadin kommentaarissaan Śaṅkarācārya torjuu selkeästi sen mahdollisuuden, että mikä hyvänsä minkä me koemme voisi olla Itse. Hän sanoo, että jos sellaiset toteamukset kuin, että ”Minä en tiedä. Olen hämmentynyt” ja niin edelleen eivät ole Itsen ominaisuuksia vaan mielen ominaisuuksia, joka on erillinen Itsestä – siinä missä kehoon verrattu savuruukkukin on meistä erillinen:

> ”Sanot, että ihminen kokee, ’Minä en tiedä, olen hämmentynyt’: siten myönnät, että hän kokee oman tietämättömyytensä ja hämmennyksensä; toisin sanoen, nämä ovat hänen kokemuksensa kohteita. Niinpä miten tietämättömyys ja hämmennys, jotka ovat kohteita, voisivat olla samaan aikaan kuvauksia subjektista, havainnoijasta? Jos ne taas toisaalta olisivat kuvauksia kokijasta, kuinka ne voisivat silloin olla kohteita, jotka havainnoija voisi havaita? Näkijä havaitsee kohteen. Niinpä kohde on yksi asia ja näkijä toinen; se ei voi havaita itse itseään.”[9]

[9] Śaṅkarācāryan kommentaari Bṛhadāraṇyakaan, 4.4.6.

Niinpä voimme havaita tämän loogisen dṛg-dṛśya viveka -prosessin myötä – joka erottelee näkijän nähdystä, havaitsijan havaitusta, tietäjän tiedon kohteesta – sen mukaan mikään, minkä me koemme, ei voi olla se mitä me olemme. Vedānta kysyy: "Mistä sinä tiedät, että se ei ole sinä?" Ja vastaa: "Jos koet sen, se et ole sinä." Kaikki fyysiset ominaisuutemme kuuluvat kehoomme – eivät meille. Kaikki tunteemme ja tunnelmamme kuuluvat mieleen – eivät meille. Kaikki ajatuksemme ja ideamme ovat osa älyämme – eivät meitä. Kaikki onnen kokemuksemme ovat myös kohde – eivät meitä.

Kun opimme erottelemaan tällä tavoin, sitä kutsutaan usein menetelmäksi, joka tunnetaan nimellä neti neti – ei tämä eikä tämä.[10] Amma viittaa usein tähän menetelmään keinona erotella ei-itse Itsestä. Hän jopa kertoo tarinan, joka kuvaa tätä.

"Me tarvitsemme vivekaa," Amma sanoo. "Meidän tulee ymmärtää, että me emme ole tämä rajoittunut yksilö vaan jotakin sen tuolla puolen. Meidän tulee harjoittaa erottelukykyä, kunnes olemme saapuneet perille. Kerran pojan isä sairastui ja poika lähti hakemaan lääkettä

[10] Bṛhadāraṇyaka Upaniṣad, 2.3.6.

apteekista. Kun hän palasi, sähkö oli katkennut. Huone oli aivan pimeä. Kun hän saapui ovelle, hänen haasteensa oli löytää isänsä pian, koska hänen isänsä täytyi ottaa lääke välittömästi. Poika astui isänsä huoneeseen eikä hän tiennyt, missä tämän sänky sijaitsi. Niinpä hän kosketteli kulkiessaan kaikkea. Ensimmäiseksi hän saapui tuolin luo. 'Isäni ei ole tässä.' Sitten hän tuli pöydän luo. Jälleen hän totesi: 'Tämä on pöytä. Isäni ei ole täälläkään.' Seuraavaksi hän asteli kaapin luo ja sanoi: 'Tämä on kaappi. Isäni ei ole täälläkään.' Tällä tavoin hän lähestyi isäänsä hiljalleen. Lopulta hän tuli sängylle ja kykeni antamaan lääkkeen isälleen. Samalla tavoin meidän tulee harjoittaa erottelukykyä, neti neti – 'Minä en ole tämä, enkä minä ole tämä'. Tällä tavoin saavutamme selkeyden. 'Minä en ole tämä keho, minä en ole tämä mieli, minä en ole äly. Minun todellinen olemukseni on ātmā.' Jos jatkamme erottelua tällä tavoin, pääsemme lopulta mielen toiselle puolen."

Tällaisen menetelmän avulla näemme, että kaikki ne asiat, joita me ajattelimme olevamme, ne me emme ole. Emme ole keho, mieli, aistit emmekä äly. Emme edes se, joka tekee tekoja ja korjaa niiden hedelmät. Samaten, mielen ominaisuudet: pelko, kateus, viha, masennus, turhautuminen, tietämättömyys... Me emme ole nämä ominaisuudet. Nämä ovat vain 'mieleksi' kutsutun ilmiön muuttuvia ominaisuuksia. Minä olen mielen ja sen muuttuvien ominaisuuksien tarkkailija. Tällä tavoin me saavumme arvoitukselliseen totuuteen, joka on täysin vastakkainen sille mitä me alun perin ajattelimme. Me ajattelimme aikaisemmin: "Minä koin surua, niinpä olen surullinen." Ja nyt ymmärrämme vedāntisen erottelukyvyn avulla: "Minä koen surua, sen tähden minä en ole suru." Jos surullinen olisi jollakin tavoin ātmā, se edellyttäisi, että olisi toinen ātmā, joka olisi tietoinen tästä surullisesta ātmāsta. Jos tuo ātmā olisi tunnettu, tarvittaisiin jälleen toinen ātmā, mikä johtaisi loogiseen virhepäätelmään loputtomasta määrästä.

On olemassa tarina, joka kuvaa tätä seikkaa. Liikemies masentui syvästi. Hän oli käyttänyt koko elämänsä haalimalla itselleen aina vain lisää omaisuutta. Kunnes eräänä päivänä hän sairastui. Hän meni tapaamaan lääkäriä, joka sanoi hänelle:

"Olen syvästi pahoillani, mutta sinulla on kenties kuusi kuukautta elinaikaa - vuosi korkeintaan."

Liikemiehen elämä kulki nyt filminauhana hänen silmiensä editse. Hän oivalsi, että pian kaikki hänen rahansa olisivat hyödyttömiä. Hänen hieno autonsa, hänen Rolexinsa, hänen upea vaimonsa – hän ei voisi ottaa mitään niistä mukaansa. Hän rypi kuukauden ajan masennuksen syvissä vesissä. Sitten hänen ystävänsä sanoi hänelle:

"Et voi elää tuolla tavoin. Olen kuullut sādhusta, joka asuu läheisessä metsässä. Hänen kerrotaan olevan hyvin viisas. Ehkäpä hän voi auttaa sinua."

Niinpä he lähtivät matkaan ja löysivät pian sādhun. Mies kertoi hänelle ongelmansa – sekä sairaudestaan että masennuksestaan.

"Sinä siis koet masennusta?" sādhu sanoi.

"Kyllä, sen takia tulin tänne. Saadakseni helpotusta," liikemies vastasi.

"Jos sinä koet masennusta, sinä et voi olla masentunut", sādhu sanoi.

Sitten sādhu ryhtyi kertomaan miehelle kaikesta siitä, mistä me olemme nyt puhuneet: Kuinka kokija ei voi koskaan olla kokemuksen kohde. Ja liikemies tuli yhtäkkiä iloiseksi. Hän oivalsi, että hän ei ole masentunut vaan hänen mielensä on masentunut. Ja tämä oivallus vähensi hänen mielensä sekasortoa, jonka vallassa hän oli ollut. Sitten hän oivalsi, että jopa hänen sairautensa kuului hänen ruumiiseensa – ei häneen. Hän – Todellinen Itse – ei ole lainkaan sairas. Ja tämä ymmärrys teki hänestä entistä onnellisemman. Lopulta liikemies heittäytyi sādhun jalkojen juureen sanoen:

"Oi Swāmiji, sinä olet todellakin valaistunut mestari. Minä olen niin onnellinen!"

Tähän sādhu vastasi sanoen:

"Ei, sinä et ole onnellinen. Sinä olet hän, joka on tietoinen onnesta, joka heijastuu sinun mieleesi. Sinä, ikuinen subjekti et voi koskaan olla oman kokemuksesi kohde."

3

Kahtia leikattu kangas

Amma kehottaa meitä usein soveltamaan siṁhāvalokana nyāyaa – sanontaa leijonan taaksepäin suuntautuvasta katseesta. Kun leijona kulkee eteenpäin, se pysähtyy aina aika ajoin ja katsoo olkansa yli taaksepäin. Amma sanoo, että meidän tulee toimia samalla tavoin henkisessä elämässä. Meidän tulee aika ajoin pysähtyä ja katsoa taaksepäin havaitaksemme, missä olemme olleet ja että kehitymmekö yhä. Niinpä, ennen kuin etenemme, tarkastakaamme missä olemme.

Haluamme tulla tuntemaan Itsen todellisen olemuksen, sillä mahātmat ja pyhät kirjoitukset ovat kertoneet meille *tarati śokam ātmavit* – ”Hän, joka tuntee Itsensä ylittää surun”. Mutta meille on myös kerrottu, että emme voi tulla tuntemaan Itseä mielen tai aistien kohteena. Siitä johtuen olemme tulleet siihen tulokseen, että paras keino löytää se on poistaa kaikki sellainen mikä ei voi olla Itse. Tätä tarkoitusta varten otimme käyttöön menetelmän, jonka avulla erottelemme Itsemme kaikista kokemuksemme kohteista.

Teimme näin ymmärrettyämme sen loogisen totuuden, että kokija-subjekti ei voi koskaan olla kokemuksen kohde. Tällä tavoin poistimme kaiken mitä yleensä pidetään Itsenä, kuten aineellinen keho, elämänvoima, joka ylläpitää kehoa, mieli ja äly, kokemuksemme itsestämme, johon liittyy ajatus siitä, että 'minä teen', 'minä koen' ja 'minä ajattelen'. Me kielsimme jopa onnen kokemuksen todeten, että se on ei-itse. Niillä kaikilla on sama pätevä syy: 'Sinä koit minut, niin minä en voi olla sinä'.

Tässä vaiheessa jotkut kokevat olonsa epämiellyttäväksi. Koska alkaa näyttää siltä, että me emme ole mitään – sipuli vailla keskusta. Kaikki mitä me olemme koskaan tulleet tuntemaan, on johdonmukaisesti kielletty ja kuorittu pois 'ei-minuna'. Ajatusta siitä, että me emme ole lopulta mitään kutsutaan śūnya-vādaksi – tyhjyyden teoriaksi. Itse asiassa jotkut suuret loogikot ovat tulleet siihen tulokseen, että tämä on totuus. Onneksi sellaiset suuret loogikot kuin Śaṅkarācārya tulevat tässä avuksemme kertoen vertauskuvallisen tarinan kymmenennestä miehestä.

Kymmenen brahmacāria halusi lähteä pyhiinvaellusmatkalle temppeliin, joka sijaitsi päivän matkan päässä. Guru antoi vanhimmalle heistä vastuun siitä, että hän huolehtisi siitä, että kaikki palaisivat ehjinä takaisin. He lähtivät jalkaisin liikkeelle. Muutaman tunnin kuluttua brahmacārit tulivat joelle eikä heillä ollut muuta mahdollisuutta kuin ylittää se kahlaamalla. Kiivettyään joen toiselle törmälle johtaja tuli siihen tulokseen, että oli parasta laskea jokainen voidakseen olla varma siitä, että kukaan ei ollut hukkunut. Mutta laskettuaan hän havaitsi, että heitä oli vain yhdeksän. Hän alkoi panikoimaan. ”Oi ei, onko yksi meistä hukkunut? Kuka puuttuu?” Hädissään hän laski uudelleen, mutta sai jälleen vain yhdeksän. Lopulta kylän venemies saapui paikalle. Nähdessään, että nämä henkisen tien kulkijat olivat paniikissa, hän tiedusteli, mikä heillä oli hätänä. Vanhin brahmacāri kertoi. Venemies räjähti nauruun.

”Hullu! Sinä et laskenut itseäsi. Sinä olet puuttuva kymmenes mies!”[11]

---

[11] Kymmenennen miehen vertauskuvallinen tarina löytyy Śaṅkarācāryan kirjoittamista kommentaareista Bṛhadāraṇyaka Upaniṣadiin, 1.4.7 ja Taittirīya Upaniṣadiin, 2.1.1, samoin kuin hänen Upadeśa Sāhasrītaa koskevasta tutkielmastaan. Koko tarina kerrotaan Swāmī Vidyāranyan 1400-luvulla kirjoittaman Pañcadaśī-tutkielman seitsemännessä luvussa.

Juuri näin meille tapahtuu, kun olemme erottaneet itsemme pañcakośista, jolloin panikoimme ja ajattelemme: 'Hyvä Jumala! Nihilistit olivat oikeassa. Lopulta ei ole olemassa mitään muuta kuin tyhjyyttä!' Onneksi tilanne on sama kuin vanhimmalla opetuslapsella, joka unohti laskea itsensä.

Niinpä, jopa niin sanotussa śūnyamissa – tyhjyydessä, tyhjiössä – tosiasiassa me olemme yhä siellä tarkastelemassa śūnyamia. Jos me emme olisi läsnä, kuka tarkkailisi śūnyamia? Niinpä, kun kaikki se on poistettu, mitä me olemme kokeneet, Itse – lopullinen subjekti, tarkkailija, tiedostava tietoisuus – on olemassa. Se me olemme: puhdas, absoluuttinen tietoisuus, joka ei ole koskaan kohde vaan aina kokija. Niin kuin Amma sanoo:

"Kun sinä oivallat totuuden siitä, että 'minä en ole keho, minä olen Itse – puhdas tietoisuus', silloin todellinen tieto on herännyt."

Vaikka tämä näyttääkin yksinkertaiselta tässä paperilla, niin tätä tietoa ei ole helppo oivaltaa. Tämä johtuu siitä, että tähän asti – ikimuistoisen ajan – kaikki se mitä me olemme tunteneet, on aina ollut jokin kohde. Niinpä on perin luonnollista, että haluamme tuntea myös ātmānin kohteena. Itsen tunteminen ei kuitenkaan ole kohteen tuntemista, sillä se 'minkä me haluamme tulla tuntemaan ei ole mikään 'kohde'. Se on kaikkien asioitten tietäjä. Kaikissa muissa tiedon muodoissa me esineellistämme sen, minkä me haluamme tulla tuntemaan; tässä meidän tulee ymmärtää, että kyse on subjektin tuntemisesta.

Kaikkien havaittavien ilmiöiden poistaminen ja saapuminen lopulta Itseemme, joka on kaiken havaitseva tietoisuus, tästä on kyse Śaṅkarācāryan kirjoittamassa Nirvāṇa Śaṭakami -stotraṁissa, jota Amma laulaa säännöllisin väliajoin:

manobuddyahaṅkāra cittāni nāhaṁ
na ca śrota-jihve na ca ghrāṇa-netre |
na ca vyoma bhūmirna tejo na vāyuḥ
cid-ānanda-rūpaḥ śivo'haṁ śivo'ham ||

na ca prāna-saṁjño na vai pañca-vāyuḥ
na vā sapta-dhātuḥ na vā pañcakośaḥ |
na vāk-pāṇi-pādaṁ na copashtapāyu
cid-ānanda-rūpaḥ śivo'haṁ śivo'ham ||

na me dveṣa-rāgau na me lobha-mohau
mado naiva na cārtho na kāmo na mokṣaḥ
na dharmo na cārtho na kāmo na mokṣaḥ
cidānanda-rūpaḥ śivo'haṁ śivo'ham ||

En ole mieli, äly, ego enkä muisti,
en ole korvat enkä makuaisti,

en ole nenä enkä silmät;
en ole tila, maa, tuli enkä ilma.
Olen Śiva, puhdas tietoisuus ja autuus; olen Śiva.

En ole elinvoima, enkä viisi energiaa,
en ole seitsemän aineen olomuotoa, enkä yksikään kehoista.
En ole äänihuulet, kädet, jalat enkä sukupuolielimet.
Olen Śiva, puhdas tietoisuus ja autuus; olen Śiva.

En omaa mieltymyksen eikä vastenmielisyyden tunteita,
en tunne ahneutta enkä ole harhaluulojen vallassa,
en tunne ylpeyttä enkä kateutta.
En kaipaa dharmaa, omaisuutta, nautintoja enkä vapautusta.
Olen Śiva, puhdas tietoisuus ja autuus; olen Śiva.

Näissä säkeissä kuvatun kieltämisen jälkeen meille jää varmuus siitä, että minä olen se ainoa asia, mikä jää jäljelle, kun kaikki muu on kielletty: minä olen puhdas tietoisuus. Mutta Śaṅkarācārya ei sano pelkästään cid-rūpa – olemuksemme on tietoisuus. Hän sanoo cid-ānanda-rūpa – olemuksemme on tietoisuuden autuutta. Mitä aloimmekaan etsiä? Emme tietoisuutta. Me etsimme – sitä mitä koko ihmiskunta etsii – autuutta, onnellisuutta, rauhaa, pohjatonta rakkautta. Eikö totta? Missä siis on autuus?

Tosiasiassa tällaisen erottelukyvyn, ātma-anātma vivekan avulla me voimme saavuttaa valtavan määrän rauhaa ja onnellisuutta. Jos kykenemme harjoittamaan erottelua sen suhteen, että kuka me olemme, aloittaen keho-mielestä, otamme ison askeleen eteenpäin henkisessä kehityksessämme. Koska tulemme ymmärtämään tämän avulla, että kaikki meidän niin sanotut ongelmamme eivät ole lainkaan meidän ongelmiamme. Keholliset ongelmat – terveys ongelmat, ulkonäköongelmat ja niin edelleen – kuuluvat joko fyysiseen tai aineelliseen kehoon. Eivät minulle. Tunne-elämän ongelmat – vihaisuus, kateus, alemmuudentunne, levottomuus – kuuluvat mieleen. Eivät minulle. Ymmärtämiseen, hahmottamiseen ja muistiin liittyvät ongelmat eivät liity minuun. Entäpä ihmissuhdeongelmat? Ongelmat ystävien ja perheen sekä työtovereiden kanssa? Ovatko nämä ongelmat minun ongelmiani – puhtaan tietoisuuden ongelmia? Mahdotonta. Kaikki ihmissuhteet perustuvat kehoon ja mieleen – ne ovat suhteita kehollisella, tunne-elämän ja älyn tasolla. Niinpä tällaisetkaan ongelmat eivät ole minun ongelmiani. Niin kuin Amma sanoo:

"Tietäessämme, että me olemme tämän kehon tuolla puolen – että me olemme ikuisuus, korkein tietoisuus ja että mikään ei voi koskettaa meidän todellista olemustamme – silloin turvattomuuden tunne katoaa. Omatessasi tällaisen oivalluksen olet peloton kaikissa tilanteissa. Tapahtuipa vaikkapa maanjäristys tai tsunami, sinä asennoidut tilanteeseen hyväksyvästi, ymmärtäen että kaikki tuo voi vahingoittaa vain ulkoista olemustasi, mikään ei voi koskettaa todellista Minää. Silloin kykenemme ylittämään kaikki pelot ja turvattomuuden tunteet – oli sitten kyse pelosta menettää asemamme tai kuolemanpelosta. Kaikki tällaiset pelot katoavat, kun tiedät että todellinen olemuksesi on kaiken tämän muuttuvaisen tuolla puolen. Kun ymmärrät, että ikuista olemusta ei voi koskettaa mikään, olet peloton kaikissa tilanteissa. Kaikki kokemukset, kuten onni ja suru, loukkaus ja ylistys, kuumuus ja kylmyys, syntymä ja kuolema kulkevat lävitsesi. Olet sen kaiken tuolla puolen tarkkailijana – kaikkien kokemusten perusta, tarkkaillen kaikkea niin kuin leikkisä lapsi."

Ammassa voimme tietenkin nähdä kuinka rauhallinen ihminen voi olla, kun hän ei samastu keho—mieleen eikä maailman loputtomiin ongelmiin. Kerronpa tästä esimerkin. Keralassa on paljon paikallisella kielellä kirjoitettua sensaatiolehdistöä. Suurin osa näistä tabloidilehdistä on häpeilemättömän ideologiapainotteisia lehtiä. Jostakin syystä ajatus siitä, että on olemassa sellainen asia kuin Itse-oivallus ja että se kulminoituu jumalalliseen epäitsekkyyteen, on kauhistus joillekin näistä ryhmistä. Niinpä he ottavat toisinaan Amman kohteekseen artikkeleissaan, jotka eivät perustu tosiasioihin. Joitakin aikoja sitten joku kirjoitti, että Amma on julistanut, että hän ei koskaan kuole, koska hän muuttaa itsensä sitä ennen mustaksi kiveksi. (Kaveri, joka kirjoitti tämän omaa selvästikin kiven aivojen paikalla.) Amma ei tietenkään sanoisi koskaan mitään tällaista. Hän halusi vain esitellä Amman huonossa valossa pyrkien siten vahingoittamaan oppilaitten uskoa. Vain siten oppilaat saattaisivat asettua hänen poliittisen puolueensa kannalle, joka on selkeän ateistinen ja joka julistaa, ettei ole olemassa sellaista asiaa kuin Itse-oivallus.

Noin kolmekymmentä vuotta sitten yksi näistä sanomalehdistä kirjoitti pahansuovan artikkelin, jossa hyökättiin Amman luonnetta kohtaan. Meillä ei juurikaan ollut sanomalehtiä siihen aikaan ashramissa, mutta jotkut oppilaat, jotka olivat lukeneet sen ja pahoittaneet mielensä, kertoivat siitä minulle. Luettuani mitä he olivat kirjoittaneet, myös minä suutuin. Heti kun sain mahdollisuuden, menin Amman luokse ja kerroin mitä he olivat kirjoittaneet. Keskeisin syytös oli, että Amma ja ashramin asukkaat olivat kaivanneet tunnelin ashramin alle, jota pitkin huumausaineita salakuljetettiin keskelle Arabianmerta, jonne CIA:n ohjastama laiva tulisi ja veisi ne Amerikkaan. Lehtimies oli myös käyttänyt epäkunnioittavasti Amman alkuperäistä nimeä: Sudhamani. Kun olin saanut kerrottua tämän Ammalle, hän sanoi:

”Mutta poikani, sinä tiedät, että mikään tuosta ei ole totta. Minkä tähden se siis häiritsee sinua?”

”Amma, olkoonkin niin”, sanoin. ”En kestä sinun nimellesi aiheutettua loukkausta.”

Silloin Amma sanoi jotakin, joka sai minut kovasti hämmästymään:

”Miksi se olisi loukkaus minua kohtaan? En minä ole Sudhamani?”

Tässä ilmeni Amman viveka, erottelukyky. Amma muistutti minua siitä, että hän samastuu puhtaaseen tietoisuuteen, joka on Itse. Jos joku ajattelee, että hän hyökkää Ammaa kohtaan parjaamalla tai panettelemalla tätä 152 senttimetriä pitkää naisen kehoa, jolla on tumma ihonväri ja nenäkoru, silloin hän on typerys.

Kerran elokuvantekijä, joka teki dokumenttia uskontojen välisestä yhteisymmärryksestä, pyysi Ammaa esittelemään itsensä sanoen: ”Hei, nimeni on Sri Mata Amritanandamayi Devi. Olen hindujen henkinen opettaja ja hyväntekijä Intiasta.” Amma ei ole koskaan sanonut mitään tällaista elämänsa aikana. Niinpä hän nauroi, kun dokumentin tekijä pyysi häntä sanomaan tuon lauseen. Mutta jonkun ajan kuluttua Amma oivalsi, että jokainen dokumentin osio alkoi eri uskontoja edustavien ihmisten esitellessä itsensä tähän tapaan ja hän tunsi myötätuntoa ohjaajaa kohtaan. Amma ei halunnut pilata hänen suunnitelmaansa. Niinpä Amma sanoi yhtäkkiä:

”Jotkut ihmiset kutsuvat tätä näkyväistä hahmoa ’Ammaksi’ tai ’Mata Amritananandamayi Deviksi’, mutta sisällä asuvalla Itsellä ei ole nimeä eikä osoitetta. Se on kaikkialla läsnäoleva.”

Ātma-anātma vivekan avulla meidän tulee hiljalleen pyrkiä näkemään asiat tällä tavoin. Tämä ei tarkoita sitä, että luopuisimme kaikesta vastuusta. Meidän tulee pyrkiä hoitamaan suurin osa ongelmistamme mahdollisimman hyvin ja tämä tulee tehdä dharmisella tavalla.

Meidän tulee pitää huolta ihmissuhteistamme, huolehtia terveydestämme, perheestämme ja pankkitilimme tasapainosta. Meidän tulee huolehtia velvollisuuksistamme työpaikalla ja henkisinä oppilaina ja varmistua siitä, että teemme sen minkä voimme kehittääksemme ja ylläpitääksemme mielentilaa, joka on rauhallinen, hallittu ja arvoja kunnioittava. Mutta kuka on se, joka omaa nämä velvollisuudet? Jopa se ei ole me. Kyse on ahaṅkāran, egon velvollisuudesta. Me olemme ahaṅkāran ponnistusten tarkkailija, sen onnistumisten ja epäonnistumisten.

Jos mietiskelemme tähän tapaan, tulemme havaitsemaan, että kontemplaatiomme luo ainakin hieman tilaa meidän ja ongelmiemme väliin. Pitäytyessämme tällaiseen näkemykseen, tuo tila laajenee asteittain. Egon näkökulmasta suoritamme edelleen sisäiset ja ulkoiset velvollisuutemme. Mutta vastikään löytämämme Todellisen Itsen näkökulmasta mitään ei ole tehtävissä. Me olemme häiriintymätön tarkkailija – siinäkin tapauksessa, että mieli olisi häiriintynyt. Kaikki se mitä me tarkkailemme – jopa kovan stressin ja jännityksen alainen mieli – emme ole me. Me olemme tarkkaileva tietoisuus.

Tällä tavoin me pienennämme koko maailmankaikkeuden kahteen asiaan, meihin

– kokemisesta vapaaseen tarkkailevaan tietoisuuteen – ja kaikkeen muuhun. Tällä hetkellä me luonnollisestikin näemme kaiken kehomme ulkopuolella olevan maailmana. Mutta vedāntan ensimmäisessä vaiheessa me opimme työntämään osaksi maailmaa kaiken sen, mitä me ennen pidimme umpimähkäisesti osana itseämme. Keho, elinvoima, mieli, äly, jopa tekijänä olon tunne ja niin edelleen – kaikki tämä ei ole enää minä. Aivan samalla tavoin kuin olemme aiemmin kokeneet ja ymmärtäneet, että maailma on erillinen meistä, niin nyt me opimme kokemaan, että myös tämä keho-mieli-kokonaisuus on erillinen meistä. Se on vain osa kosmosta, johon minulla, tarkkailevalla tietoisuudella on läheisempi yhteys. Tämä näkökulma tuodaan esille useissa eri paikoissa Gītaa:

naiva kiṁcit-karomīti
yukto manyeta tattavavit |
paśyaňśṛṇvan-spṛśaṇ-jighran
aśnan-gacchan-svapaňśvasan ||

pralapan-visṛjan-ghṛṇan
unmiṣan-nimiṣannapi |
indriyāṇīndriyāarheṣu
vartanta iti dhārayan ||

> Ken on vakiintunut Itseen, ajattelee: 'Minä en tee mitään'. Vaikka hän näkee, kuulee, koskettaa, haistaa, syö, kulkee, nukkuu ja hengittää; puhuu, laskee käsistään ja pitää käsissään, avaa tai sulkee silmänsä – hän tietää, että aistit vain liikkuvat aistikohteitten parissa.[12]

Ja:

> *tattavit-tu mahābāho*
> *guṇa-karma-vibhāgayoḥ |*
> *guṇā guṇeṣu vartanta*
> *iti matvā na sajjate ||*
>
> Ken tuntee totuuden luonnonvoimista ja niiden toiminnoista, on takertumaton, oi voimakasaseinen, sillä hän tietää luonnonvoimien liikkuvan aisteissa ja aistikohteissa.[13]

Itse asiassa joka kerran, kun heräämme, tämä on kokemuksemme. Unta näkemättömässä unessa lähes kaikki kokemuksemme kohteet ovat kadonneet. Maailmaa ei ole. Kehomme ja aistimme ovat kadonneet. Jopa mielemme ja kokemuksemme yksilönä olemisesta on kadonnut. Ainoa kokemuksemme on tietämättömyys ja

---

[12] Bhagavad-Gītā, 5.8-9.
[13] Bhagavad- Gītā, 3.28

ajaton autuaallinen rauha. Mutta sitten me heräämme, jolloin kaikki havaittavissa olevat ilmiöt palaavat. Ensimmäinen asia, joka palaa on ahaṅkāra – kokemus minästä rajallisena yksilönä. Sitten jo ennen kuin avaamme silmämme muistimme palaa muistuttaen meitä suhteestamme ihmisiin ja maailmaan. Sen myötä palaa kaikki velvollisuutemme, joita meillä on näissä ihmissuhteissa. Yhtäkkiä muistamme, että meidän tulee mennä töihin, syöttää koira, viedä lapset kouluun ja niin edelleen. Sitten me avaamme silmämme ja maailma palaa takaisin. Maailma, jota me pidämme itsestämme erillisenä. Mutta jos mietimme tätä heräämisen tapahtumaa, oivallamme, että myös nämä muut kokemisen tasot ovat meistä erillisiä.

Tämä tuo mieleeni kaskun. Kerran eräs mies joutui oikeuteen siitä, että hän oli potkaissut toista miestä. Kuultuaan kantajan näkemyksen asiasta tuomari kysyi syytetyltä:

”Miksi teit niin?”

”En minä tehnyt niin. Minun jalkani teki sen”, mies vastasi.

Silloin tuomari katsoi miestä, hymyili ja sanoi:

”Hyvä on, viisas kaveri. Siinä tapauksessa jalkasi voi mennä vankilaan, joko sinun seurassasi tai ilman sinua!”

Syytetty ei räpäyttänyt silmäänsäkään. Hän nousi seisomaan, irrotti tekojalkansa ja ojensi sen tuomarille.

Älkää ottako tätä vitsiä tosissanne. Todellinen mahātmā ei koskaan tekisi rikosta tai yrittäisi kiemurrella velvollisuuksistaan vapaaksi siksi, ettei hän samastu kehoonsa. Vuodet, jotka hän on harjoittanut mielen ja aistien itsekuria, joka on tarpeen voidakseen saavuttaa ja pysytellä tällaisessa oivalluksessa, ovat saaneet aikaan sen, ettei hän koskaan voisi vahingoittaa ketään ajatuksin, puhein tai teoin. Nähdessään kaikki olennot osana itseään he eivät voi vahingoittaa kärpästäkään. Amman avustaja Swamini Srilakshmi Prana sanoi Amman pyytäneet häntä jopa viemään hyttyset ulos käsillään. Sellainen on Itse-oivalluksen saavuttaneen sielun myötätunto. Yksijalkaisen miehen tarina osoittaa vain, että ātmā-jṅānīn näkökulmasta katsottuna keho, mieli ja jopa tekemisen tunne sekä teon hedelmien vastaanottaminen on vain osa maailmaa, ei osa ’minua’.

Mitä paremmin me kykenemme tekemään näin, sitä rauhallisempia meistä tulee – ja sitä onnellisempia. Sillä loitontuessamme kehosta, mielestä ja älystä, me etäännymme kirjaimellisesti kaikista elämän ongelmista. Me emme enää ole niin samastuneita tekoihimme ja niiden tuloksiin. Tällainen samastuminen aiheuttaa kaiken stressimme, jännityksemme ja pelkomme. Niinpä jos olemme etsimässä rauhaa ja onnea, silloin Todelliseen Itseen saapuminen ātmā-anātmā vivekan avulla on suureksi avuksi. Tällöin olemme päässeet jo paljon eteenpäin.

4

Olenko jo valaistunut?

Olemme ottaneet matkallamme rauhaan ja onnellisuuteen valtavan askeleen eteenpäin. Olemme supistaneet koko todellisuuden – äärettömine osineen – vain kahteen elementtiin: ātmā ja anātmā. Tätä paria voi kutsua eri nimin: itse ja ei-itse, henki ja aine, puruṣa ja prakṛti, sākṣī ja sākṣyaṁ (tarkkailija ja tarkkailtava) ja niin edelleen. Kutsuimmepa niitä sitten millä nimellä tahansa, ne eivät ole muuta kuin 'minä' ja 'maailma'. Näin olemme edenneet jo pitkän matkan.

Onko tämä tieto se mitä tarkoitamme ātmā-jñānaṁilla? Tässäkö on matkamme määränpää? Omaamme nyt ilmiselvästi uudenlaisen määritelmän itsestämme. Koimme aiemmin olevamme tietoisuuden ja keho-mieli-kokonaisuuden yhdistelmä. Nyt näemme, että olemme pelkkää tietoisuutta. Eikö päämääränämme ollut saavuttaa syvempi, erehtymätön tieto siitä, keitä me olemme?

Itse asiassa jotkut henkisen ajattelun koulukunnat päätyvät tähän jakoon. Advaita vedānta tuo kuitenkin esille, että tämä tieto on valitettavan riittämätön. Näin siksi, koska kun olemme saapuneet todelliseen olemukseemme puhtaana tietoisuutena, meillä ei silti ole juuri minkäänlaista ymmärrystä siitä minkälainen on tietoisuuden olemus. Sitä paitsi olemme edelleen kaksinaisuuden vallassa. Maailman tiivistäminen kahteen ei tarkoita vielä sitä, että olisimme tiivistäneet sen yhteen. Amman ja Ādi Śaṅkarācāryan kaltaiset mestarit sanovat yksiselitteisesti, että lopullinen totuus on advaita (yksi) – eikä kaksi.

Saatamme tässä vaiheessa kysyä, tarvitseeko meidän todella tuntea oma olemuksemme näin yksityiskohtaisesti? Eikö yleinen tieto siitä, että 'minä olen puhdas tietoisuus' riitä? Vaikka tällainen yleinen tieto on hyödyllinen, se jättää meihin yhä kaipauksen. Palatkaamme Maitreyīn ja Yājñavalkyan vuoropuheluun, jonka avulla esittelimme tämän teoksen. Kun Maitreyīlle tarjottiin puolet Yājñavalkyan omaisuudesta, hän kysyi aviomieheltään:

yannu ma iyaṁ bhagoḥ sarvā pṛthivī vittena
pūrṇā syāt syāṁ nvahaṁ tenāmṛtā'ho neti |

Herra, jospa saisin omakseni koko tämän maan kaikkine aarteineen, saavutanko sen avulla kuolemattomuuden?[14]

Maitreyī ymmärsi, että jos hän ei olisi kuolematon, kaikki aarteet maan päällä olisivat arvottomia kuoleman hetkellä. Vaikka hän puhuikin aineellisista mukavuuksista ja nautinnoista, me voimme laajentaa tämän kysymyksen koskemaan löydöstämme siitä, että meidän todellinen olemuksemme on puhdas tietoisuus: "Onko tämä puhdas tietoisuus, joka minä olen, ikuinen vai ei?" Tämä on tärkeä kysymys, sillä katsoessamme asiaa perimmäisestä näkökulmasta, niin minä saatan olla vailla kosketusta kehoon, mieleen, aisteihin ja maailman aistikohteisiin, silloin kun tietoisuus irrotetaan kehosta kuoleman hetkellä, millä tavoin silloin näkemyksemme eroaa ateistin näkemyksestä? Millä tavoin henkisyys tekee minusta pelottoman, jos minä pelkään joko tietoisesti tai tiedostamattomasti vääjäämätöntä tuhoani? Niinpä ainakin pitkäikäisyyden näkökulmasta minun tulee voida tuntea tämän tietoisuuden ominaislaatu.

Sen lisäksi, saatan olla puhdasta tietoisuutta, mutta entäpä rakkaani? Ovatko hekin puhdasta tietoisuutta? Jos he ovat, niin onko puhdas tietoisuus minussa erillinen heidän puhtaasta

---

[14] Bṛhadāraṇyaka Upaniṣad, 4.5.3.

tietoisuudestaan? Ja mitä on tämä ykseys, josta henkiset opettajat puhuvat? Tällaiset kysymykset on mahdollista selkeyttää vain, kun tietoisuutemme omasta olemuksestamme on yksityiskohtaisempaa ja tarkempaa.

Lähtiessämme tälle matkalle valitsimme lähtökohdaksemme dṛg-dṛśya vivekan mallin voidaksemme saapua todelliseen olemuksemme, sillä se ei edellyttänyt vedāntisten tekstien tai henkisten mestareitten opetusten tuntemista. On vain tarpeen tarkkailla ja käyttää logiikkaa. Tämä kulkuneuvo on todellakin palvellut meitä hyvin. Siinä minne me seuraavaksi suuntaamme puhdas logiikka ei enää riitä. Niin kuin Kaṭha Upaniṣadit sanovat:

> *naiṣā tarkeṇa matirāpaneyā proktānyenaiva sujñānāya preṣṭha* |
>
> Rakkaani, tätä tietoa ei voi saavuttaa logiikan avulla; ainoastaan silloin kun hän, joka on vakiintunut totuuteen, opettaa sitä, siitä tulee puhdasta tietoa.[15]

Tämä ei kuitenkaan tarkoita, että hylkäisimme logiikan. Pidämme sen edelleen tarpeellisena apuvälineenämme. Nyt emme käytä sitä enää

---

[15] Kaṭha Upaniṣad, 1.2.9

analysoidaksemme vain tietoa, jonka olemme vastaanottaneet aistiemme kautta, käytämme sitä analysoidaksemme tietoa, jonka olemme saaneet pyhistä kirjoituksista.

Kun vedāntassa puhutaan Itsen tiedosta, saamme usein kuulla lauseen śruti-yukti-anubhava. Se tarkoittaa, että meidän tulee hyödyntää śrutia – pyhien kirjoitusten totuuksia, yuktia – logiikkaa ja anubhavaa – kokemusta. Vaikka sovellammekin kaikkia näitä kolmea, pitäydymme silti siinä, että ātmā-jňānaṁ tulee yksin pyhien kirjoitusten totuuksista. Tässä logiikka ja kokemus asettuvat nyt takapenkille. Käytämme silti logiikkaa, mutta sen avulla puolustamme lähinnä gurua ja pyhiä kirjoituksia vastakkaisia näkemyksiä ja muita hämmentäviä tekijöitä vastaan. Siinä missä logiikka ja kokemus eivät voi paljastaa meille totuutta, ne eivät myöskään voi sitä kieltää. Jos ne näyttävät kieltävän sen, olemme joko ymmärtäneet opetuksen väärin tai logiikkamme pettää, tai me olemme ymmärtäneet oman kokemuksemme väärin. Emme koskaan torju logiikkaa tai objektiivisten kokemustemme arvoa, mutta meidän tulee ymmärtää niiden rajoitukset.

Tässä on itse asiassa yksi syy sille, miksi vedāntaa ei tulisi koskaan opiskella ilman gurua. Sillä ilman gurua mikä tahansa tieto, johon päädymme, tulee olemaan aistihavaintojemme ja puhtaan logiikan rajoittamaa. Meiltä puuttuu yhteys lopulliseen totuuteen, joka ylittää aistien välittämän tiedon ja logiikan alueet. Tätä Śaṅkarācārya painottaa jatkuvasti. Kena Upaniṣadien kommentaarin johdannossa Śaṅkarācārya sanoo, että tästä johtuen pyhien kirjoitusten muoto on yleensä aina esitetty gurun ja opetuslapsen välisenä vuoropuheluna. Hän sanoo, että "Opetus on esitetty kysymysten ja vastausten muodossa opettajan ja oppilaan välillä, jotta sitä olisi helpompi ymmärtää, sillä aihe on hienosyinen ja jotta voitaisiin osoittaa, että sitä ei ole mahdollista tulla tuntemaan yksin logiikan avulla."[16]

Harjoittaessamme henkistä tutkiskelua, itsemme analysointi, joka perustuu riippumattomaan logiikkaan saattaa muodostua tragikoomiseksi. Amma kertoo hauskan tarinan, joka kuvastaa tätä. Joku tarjosi aasille astiallisen vettä ja toisen astian viskiä. Nähdessään aasin juovan ainoastaan vettä hän tuli siihen loogiseen johtopäätökseen, että "jokainen, joka ei juo alkoholia on aasi".

[16] śiṣyācaārya-praśna-prativana-rūpeṇa kathanaṁ tu sūkṣma-vastu-viṣayatvāt sukha-pratipatti-kāraṇaṁ

Leikki sikseen. Amma haluaa sanoa tällä tavoin, että logiikkaan perustuva itsemme analysointi voi viedä meidät vain tiettyyn pisteeseen. Sen tähden meidän tulee käyttää sekä sydäntä että päätä.

”Äly on kuin sakset”, Amma sanoo. ”Sen olemukseen kuuluu leikata ja erotella. Sydän sen sijaan on kuin neula, joka yhdistää ihmiset ja asiat rakkauden langalla. Kun painotamme älyä, elämästä tulee kuivaa. Rakkaus tuo elämään merkitystä ja suloisuutta. Amma ei tarkoita, että äly ei olisi tarpeellinen. Kummallakin on oma paikkansa ja merkityksensä.”

Älyn saksien avulla me erotamme itsemme, puhtaan tietoisuuden, ulkoisesta maailmasta ja kaikesta olemuksemme puolista, joiden olemme virheellisesti ymmärtäneet olevan ”minä”. Tämä kehitys ei kuitenkaan pääty tähän. Jotta meidän tietomme olisi ehjää, me tarvitsemme Amman neulaa. Vain käyttäessämme tätä neulaa me jätämme dvaitan – kaksinaisuuden – taaksemme ja saavumme advaitaan, ei-kaksinaisuuteen, ykseyteen. Minkä tähden Amma sanoo, että tähän vaaditaan sydäntä? Tällöin oivallamme, että usko gurun ja pyhien kirjoitusten opetukseen on tärkeää.

5

Neula ja sydämen lanka

Olemme rajanneet älyn avulla olemuksemme tiedostavaksi tietoisuudeksi. Ja kuten olemme havainneet, tämä tiedostava tietoisuus on aina näkijä eikä koskaan kohde, sen olemusta ei voi sen tähden tulla tuntemaan aistien eikä mielen avulla. Kaikki se mitä me tiedämme, tulee meille joko suoraan näköaistin, kuuloaistin tai muun aistin välityksellä tai epäsuorasti erilaisen tiedonkäsittelyn, kuten päättelyn, oletuksen, vertailun tai muun sellaisen välityksellä.[17] Saadessamme tietoa epäsuorasti tarvitaan informaatiota, joka on saatu aistien välityksellä. Sen tähden tarvitsemme seuraavalla askeleella uskoa. Näin on sen tähden, koska guru ja pyhät kirjoitukset ovat meidän ainoa lähteemme ātmān olemusta koskevalle tiedolle.

---

[17] Vedisessä tietoteoriassa on kuusi erilaista pramānamia – keinoa tiedon hankkimiseksi. Nämä ovat pratyakṣa – aistihavainto, upamāna – vertailu, anupalabdhi – ei-havaitseminen, anumānam – päättely, arthāpatti – oletus ja sabda – todistus.

Vedānta puhuu kahdenlaisesta tiedosta: pauruseya-tiedosta ja apauruseya-tiedosta. Sanskritinkielinen sana puruṣa tarkoittaa ihmistä. Pauruṣeya tarkoittaa 'sitä mikä tulee ihmiseltä'. Esimerkiksi tieto siitä, että 'tuli on kuuma' on pauruṣeya-tietoa – tietoa, joka on kaikkien ihmisten ulottuvilla. Kuka tahansa ihminen, joka omaa toimivat aistit, kykenee havaitsemaan, että 'tuli on kuuma'. Tuo ihminen voi sitten opettaa tämän tiedon toisille. Riippumatta siitä opimmeko itse, että 'tuli on kuuma' ollessamme tekemisissä tulen kanssa vai saammeko tuon tiedon varoituksena joltakulta toiselta, tuon tiedon alkuperä on pauruṣeya – ihmiseltä lähtöisin.

Toisaalta esimerkiksi karman laki on oppi siitä, että meidän teoillamme ei ole seurausvaikutuksia ainoastaan aineellisella, vaan myös hienovaraisella tasolla. Myöhemmin ilmenevä seurausvaikutus perustuu meidän motiiviimme. Vaikka viittaammekin henkisyyden piirissä tähän "lainalaisuutena", kyse ei ole samanlaisesta tosiasiasta kuin, että "tuli on kuuma", jonka jokainen ihminen voi havaita. Siitä voidaan esittää teorioita, mutta sitä ei voi tietää ehdottomalla varmuudella. Niinpä karman laki ei ole pauruṣeya-tietoa vaan apauruṣeya-tietoa – tietoa, jonka alkuperä ei voi olla ihmisessä. Apauruṣeya-tiedolla on vain kaksi mahdollista lähdettä: pyhät kirjoitukset, kuten Vedat ja ihmiset, jotka ovat saavuttaneet tuon saman tiedon.

Suurin osa guruista ovat saavuttaneet tietonsa guru-oppilas-ketjun välityksellä. Upanishadit kertovat kuitenkin ātmā-jṅāneista, kuten Vamadevasta, joka saavutti valaistumisen ollessaan yhä kohdussa.[18] Sanotaan, että hän opiskeli gurun kanssa edellisessä elämässään, mutta että hänellä oli yhä joitakin karmisia esteitä ymmärryksensä tiellä. Ne poistuivat kohdussa ja niinpä hän saavutti valaistumisen sikiönä. Kun jäljitämme Upaniṣadien alkuperää, meille selviää, että ne tulevat itse Jumalalta, joka opetti ne ensimmäiselle opetuslapselleen. Niinpä, jos mielesi on tarpeeksi puhdas, voit kenties saavuttaa ātmā-jṅānaṁin ilman gurua, jolloin Jumala itse tulee ja opettaa sinua. Mitä taas tulee Ammaan, niin hän sanoi:

”Amma tiesi syntymästä alkaen todellisen olemuksensa ja maailman olemuksen.”

Kuinka Amma tuli tietämään tämän? Eri ihmiset antavat tähän erilaisia vastauksia.

---

[18] Aitareya Upanisad 2.1.5.

Jotkut uskovat, että Amma on Jumalallisen Äidin avatāra ja sen tähden hän omaa kaiken tiedon. Olipa syynä Amman tiedolle sitten mikä tahansa, hän selvästikin on taitava jakamaan tietoaan toisille ja poistamaan heidän epäilyksensä.

Muistan kuinka kauan aikaa sitten eräät oppineet haastoivat Amman apauruṣevaa koskevassa asiassa – kuinka hän saattoi toimia perinteitten vastaisesti ja sallia naisten suorittaa tiettyjä rituaaleja. Koska rituaalisen jumalanpalveluksen vaikutus on apauruṣeya-tietoa, sitä koskevat kiellot ja määräykset ovat myös apauruṣeyaa. Kun he kieltäytyivät hyväksymästä hänen epäortodoksista näkemystään, Amma sanoi heille, että hänellä on luotettava lähde sille, että se on hyväksyttävää. Mikä se siis oli? Amma sanoi:

”Śiva sanoi minulle, että se sopii.”

Niinpä meidän tulisi ymmärtää, että ajankohtainen kysymys ei ole, ”Kuinka Amma saavutti ātmā-jṅānaṁin?” vaan ”Miten me voimme saavuttaa sen?” Meillä on kaksi mahdollisuutta: Me voimme opiskella pyhiä kirjoituksia ja gurun opetuksia ja uskoa niihin, tai voimme romuttaa perinteen ja toivoa, että heräämme jonakin aaṁuna valaistuneena. Upaniṣadien näkemys ihmisistä, jotka toivovat voivansa saavuttaa Itse-tiedon ilman gurun, on selkeä:

> *avidyāyām-antare vartamānāḥ svayaṁ dhīrāḥ paṇḍitaṁ manyamānāḥ |*
> *jaṅghanyamānāḥ paṅyanti mūḍhā andenaiva nīyamānā yathā'ndhāḥ ||*
>
> Eläen tietämättömyydessä ja ajatellen, että ”Me olemme älykkäitä ja oppineita”, nämä jatkuvasti kiusatut hullut kiertelevät ympäriinsä niin kuin sokeat, jotka johtavat sokeita.[19]

Ehkäpä voimme oivaltaa Pythagoraan teorian itsekin, mutta eikö olisi helpompaa opiskella matematiikkaa opettajan johdolla? Amma sanoo: ”Oppiaksemme sitomaan kengännauhat tarvitsimme jonkun, joka opetti sen meille. Entäpä sitten, kun kyse on maailmankaikkeuden perimmäisen todellisuuden tuntemisesta?”

Tämä aihe on jatkuvan väittelyn kohde. Ehkäpä lopullisen näkemyksen tästä asiasta voi esittää näin: Kerran āśramissa oli meneillään kiivas keskustelu siitä, että ovatko guru ja pyhät kirjoitukset tarpeellisia. Vierailija oli tiukasti

[19] Muṇḍaka Upanishad 1.2.8 ja (yksi sana muutettuna) Kaṭha Upanisad 1.2.5.

sitä mieltä, että kumpikaan ei ollut tarpeen. Lopullisena todisteena tästä hän sanoi:

”Buddha ja jopa teidän Ammanne eivät tarvinneet gurua!”

Yksi brahmachareista vastasi tähän sanomalla:

”Jos ajattelet olevasi Buddha tai Amma, niin hyvää onnea vain!”

”Mikä on Jumalan tosi olemus?” ”Mikä on maailmankaikkeuden syvin olemus?” ”Mikä on sielun – tai minän todellinen olemus?” ”Mikä saa aikaan meidän kokemuksemme rajallisuudesta, turhautumisesta ja vangittuna olemisesta?” ”Kuinka voittaa tällaiset tuntemukset täydellisesti ja lopullisesti?” ”Millaisten keinojen avulla tämä on mahdollista?” ”Mikä on ihmiselämän päämäärä?” Filosofit voivat teoretisoida ja väitellä tällaisista aiheista, mutta jos haluamme todellista tietoa, meidän tulee tutkia Upaniṣadeja tai niitä tukevia pyhiä tekstejä, kuten Bhagavad-Gītaa tai Amman kaltaisten mahātmojen näkemyksiä. Vain he kykenevät puhumaan tällaisista aiheista vakuuttavasti ja todellisella arvovallalla. Jos mielen puhtaus riittäisi siihen, että voisimme tulla tuntemaan tietoisuuden olemuksen, Itsen, minkä tähden Kaṭha Upaniṣadissa Naciketā, jota pidetään takertumattomuuden ja mielen puhtauden ilmentymänä, käyttäisi yhden armolahjoistaan siihen, että hän pyytää kuoleman jumalaa kertomaan Itsen olemuksesta?[20] Mielen puhtaus on ehdottomasti tarpeen, mutta vaikka puhtaus olisi saavutettu, guru on tarpeen, jotta viisaus voidaan saavuttaa.

Sen tähden usko on tarpeen voidaksemme ottaa seuraavan askeleen. Itse asiassa usko - śraddhā – mainitaan yhtenä tärkeistä ominaisuuksista, joita vedāntan opiskelijan tulee omata.[21] Uskoa tarvitaan, sillä jos emme omaa uskoa pyhiin kirjoituksiin ja gurun sanomaan, emme pidä niitä pätevinä tiedon lähteinä.

---

[20] Kaṭha Upaniṣadissa on lapsioppilaan, Naciketān ja gurun, Yaman, kuoleman jumalan välinen keskustelu. Tarinan edetessä Yama antaa Nachiketālle kolme armolahjaa, joista kolmannen Navhiketā käyttää saadakseen selvennystä epäilyksiinsä koskien ātman olemusta.

[21] Upaniṣadinen perinne mainitsee yhdeksän ominaisuutta, jotka tarvitaan, jotta vedāntan opiskelusta tulisi hedelmällinen: viveka, vairāgya, mumukṣutvam, śama, dama, uparama, titikṣā, śradhha ja samādhāna – erottelukyky, takertumattomuus, vapautuksen kaipuu, mielen hallinta, aistienhallinta, irrottautuminen, kärsivällisyys ja keskittyminen. Niistä ei tule koskaan luopua.

Silloin ymmärryksemme omasta todellisesta olemuksestamme ei vakiinnu. Tulemme aina kärsimään epäilyksistä. Niinpä syvä vakuuttuneisuus pyhien kirjoitusten totuuksista on tärkeää. Näin ei tapahdu, jos pidämme niiden esittämää tietoa Itsestä vain "mahdollisina teorioina". Itse asiassa Amma sanoo:

"Kaikki edellyttää uskoa, jopa aineellinen tiede."

Lopullista totuutta ei ole missään tässä maailmassa. Kuinka voimme todistaa, että se minkä näemme edessämme, on todellista? Voivatko korvamme todistaa sen tosiasiaksi? Kuinka voimme todistaa, että se mitä korvamme kuulevat, on todellista? Voivatko silmämme todistaa sen? Jopa niin sanotut "tieteelliset lait" perustuvat sille seikalla, että "niitä ei ole vielä osoitettu epätosiksi". Näin on, koska mitään ei voi todistaa 100 prosenttisella varmuudella.

Kurt Gödel (1906-1978) oli loogikko, matemaatikko ja analyyttinen filosofi, jota pidetään yhtenä kaikkien aikojen tärkeimpänä loogikkona. Yhtenä hänen tärkeimpänä saavutuksenaan pidetään epätäydellisyyden teoriaa, jonka hän muotoili ollessaan vasta 25-vuotias. Epätäydellisyyden teorian ydin on siinä, että joukko itsestäänselvyyksiä ovat keskenään ristiriidattomia – eli ne eivät ole toistensa kanssa ristiriidassa. Silloin ne ovat väistämättä epätäydellisiä. Esimerkiksi Goldbachin olettamus, jossa sanotaan: "Jokainen parillinen kokonaisluku, joka on suurempi kuin kaksi, on kahden alkuluvun summa." (Esimerkiksi 3+5=8. Kolme on alkuluku. Viisi on alkuluku. Kahdeksan on parillinen kokonaisluku.) Pienten lukujen kohdalla tämä on helppo todistaa. Voimme itse laskea tämän. Vuonna 1938 eräs matemaatikko päätti todistaa tämän itselleen ja hän pääsi niinkin korkealle kuin 105. Tietokoneiden avulla tämä on todistettu 4 x 1018. Tätä olettamusta ei voi kuitenkaan todistaa kategorisesti, sillä voidakseen tehdä näin, tulisi tarkistaa ääretön määrä numeroita. Me voimme vain olettaa, että se on totta, mutta emme voi todistaa sitä suoran kokemuksen avulla. Gödel oli itse asiassa mystikko, joka uskoi Jumalaan. Hänelle epätäydellisyyden teoria oli vapauttava, koska se tarkoitti, että lopulta tuli antautua hyväksymään se, että elämässä oli aina olemassa jokin tuntematon mysteerio.

Aineellinen tiede koostuu samaan tapaan teorioista ja lainalaisuuksista. Mutta yhtäkään niistä ei voi pitää pyhänä. Aina on olemassa mahdollisuus, että joku todistaa sen vääräksi. Aineellinen tiede on siten aina jatkuvan muutoksen alaista. Siinä missä monet tieteelliset teoriat, joita on koeteltu kovasti, ovat kestäneet aikaa, toiset teoriat taas, jotka ovat olleet vallalla jonkin aikaa – kuten esimerkiksi maakeskeinen maailmankaikkeus – ovat hiljalleen murentuneet ja korvattu uudemmilla, uskottavammilla teorioilla. Kuten Amma sanoo:

”Usko ei ole yksin osa henkisyyttä. Me kaikki istumme täällä rauhassa, koska uskomme siihen, ettei tule maanjäristystä. Lennämme, koska uskomme siihen, että lentokone ei putoa.”

Muistan, kun juttelimme kerran joistakin advaitan korkeammista periaatteista Amman kanssa, erityisesti siitä, että Korkein Itse on se lähde, mistä maailmankaikkeus syntyy, jolloin hän sanoi:

”Tätä ei voi todistaa. Todiste voidaan esittää tieteellisestä ratkaisusta ja voimme todistaa sen, minkä voimme havaita aistiemme avulla. Mutta ātmā on tieteen tai aistien tuolla puolen. Sitä ei voi todistaa empiirisesti. Koet sen sisälläsi.” Sitten Amma esitti viisaan huomion. Hän sanoi: ”Näe, että kyse on mielestä, joka vaatii todistetta. Mieli, joka on mithyā (epätodellinen) vaatii, että satyaṁ (todellisuus) todistetaan!”

Niinpä usko on tarpeen. Jokaisen henkisen etsijän tulee mietiskellä niitä henkisiä totuuksia, joita hän on oppinut gurulta ja pyhistä kirjoituksista ja punnita niitä logiikan ja kokemuksen valossa. Jos teemme näin vilpittömästi, tulemme hiljalleen arvostamaan näitä totuuksia uskottavina teorioina. Päättelykykymme ja kokemuksemme eivät kiellä niitä. Voit yrittää kieltää ne, mutta epäonnistut siinä. Silti et kykene myöskään todistamaan niitä. Kukaan, joka on ymmärtänyt vedāntan, ei ole koskaan onnistunut kieltämään sitä, koska päättelykykymme ja kokemuksemme ei kykene kieltämään sitä. Emme voi kuitenkaan pitää henkisiä totuuksia vain työhypoteeseina. Jos teemme niin, emme koskaan tulee saavuttamaan vakuuttuneisuutta. Hyväksy ne totuuksina – virheettöminä opetuksina, jotka tulevat suoraan Jumalalta. Tarkastele missä määrin nämä totuudet sopeutuvat päättelykykyysi ja kokemukseesi ja tarkastele sitä, miten päättelykykysi ja kokemuksesi eivät voi asettua vastustamaan niitä. Uskoen niiden alkulähteeseen vakuutu sitten siitä, että ne esittävät lopullisen totuuden siitä, kuka sinä todella olet.

Niinpä usko pyhiin kirjoituksiin ja guruun on kuin saisi omakseen kuudennen aistin. Siinä missä silmämme paljastavat meille nähtävissä olevan maailman ja korvamme paljastavat meille kuultavissa olevan maailman, guru paljastaa meille apauruṣeva-tiedon maailman – totuuden Itsestä. Näin pyhistä kirjoituksista ja gurusta tulee meille kuin peili, joka sallii meidän nähdä ensimmäistä kertaa omat todelliset kasvomme.

6

Todellisten kasvojemme kuvajainen

Suurin osa pyhien kirjoitusten lauselmista, jotka koskevat todellista olemustamme ovat kielteisiä. Ottakaamme esimerkiksi Muṇḍaka Upaniṣadien kuuluisa ajatelma:

yat-tad-adreśyam-agotram-avarṇam-
acakṣuḥśrotaṁ tad-apāṇi-pādam |

Se mitä ei voi havaita eikä ajatella, mikä on vailla syytä ja ominaisuuksia, jolla ei ole silmiä eikä korvia, ei käsiä eikä jalkoja.[22]

Kaikki nämä kuvaukset puhuvat siitä mitä Todellinen Itse ei ole. Nämä toteamukset ovat yhdenmukaisia dṛd-dṛśya vivekan (näkijän ja nähdyn erottelukyvyn) kanssa, sillä pyhät kirjoitukset tuovat esille myös sen, että kyse ei ole havainnon kohteesta, johon liittyy aina ominaisuuksia. Kuten olemme jo aiemmin sanoneet, jos voit nähdä tai kuulla sen tai maistaa sen ja niin edelleen, kyse ei ole Todellisesta

[22] Muṇḍaka Upaniṣad 1.1.6.

Itsestä. Samaten, jos voit aineellisessa mielessä pitää siitä kiinni, puhua siitä, potkaista sitä, kyse ei ole Todellisesta Itsestä. Jos sillä on jokin alkuperä – vanhempi tai sukupolvien ketju – kyse ei ole Todellisesta Itsestä. Samaten, jos sillä on aistielimiä, kuten silmät tai korvat, tai toimintaelimiä, kun kädet tai jalat – kyse ei ole Todellisesta Itsestä.

Pyhät kirjoitukset käyttävät pääsääntöisesti tätä kieltämisen menetelmää, sillä ne tietävät, että heti kun puhut jostakin myönteisessä mielessä, olet väistämättä rajoittanut sen jollakin tavoin. Mitä on Todellinen Itse? Se sinä olet – ei sen enempää eikä vähempää. Niinpä, jos haluat tietää mitä se on, tunne itsesi. Vain silloin tiedät. Niinpä menneisyyden pyhimykset ja tietäjät ajattelivat, että on turvallisempaa auttaa ihmisiä tietämään mitä Todellinen Itse ei ole, kuin puhua siitä mitä se on. Niinpä, *adreśy-am-agrāhyam-agotram-avarṇam-acakṣuḥśrotraṁ tad-apāṇi-padam* – "Sitä ei voi havaita, eikä ymmärtää, sillä ei ole syytä eikä ominaisuuksia, ei silmiä eikä korvia, ei käsiä eikä jalkoja" ja niin edelleen. Sillä heti kun sanomme, että Itse on sitä tai tätä, pidämme sitä kohteena ja ryhdymme etsimään kohdetta. Mutta se ei ole kohde – ei täällä eikä missään toisessa maailmassa, eikä sitä voi löytää meditaatiossa. Kyse on sinusta – subjektista. Niin kuin sanonta kuuluu: "Etsijä on etsinnän kohde." Niinpä gurut ja pyhät kirjoitukset välttävät myönteisiä lauselmia niin pitkälle kuin mahdollista.

Jokin aika sitten oppilas lähestyi Ammaa darśanin aikana ja kysyi häneltä:

"Kuka minä olen?"

Amman vastaus kuului välittömästi:

"Sinä olet minä."

Oppilas hymyili, mutta halusi Amman selittävän hänelle asiaa enemmän. Pyörittäen päätään epäuskoisena hän sanoi:

"Voitko Amma selittää?"

Amma sanoi: "Jos selitän, siitä tulee kaksi."

Tämä tuo mieleeni toisen tapahtuman. Joitakin vuosia sitten Amman Intian kiertueen aikana nuori tyttö lähestyi Ammaa sivulta darśanin aikana. Paikalla oli melko tavalla ihmisiä, mutta jotenkin lapsi onnistui puikkelehtimaan Amman tuolin vierelle. Hetken päästä tämä pieni tyttö sanoi Ammalle, että hän haluaisi esittää kysymyksen. Amma hymyili ja nyökkäsi rohkaisevasti. Sitten Amma kumartui oikealle puolelleen, jotta tyttö voisi puhua suoraan hänen korvaansa. Kaikki seurasivat miten Amma kuunteli tarkkaavaisesti, nyökäten aina kun hän oli kuullut jälleen yhden tytön esittämistä asioista.

Heti kun tyttö oli lopettanut Amma kertoi kaikille:

"Hän sanoo, että hän isänsä kertoi, että Amma on Kālī, mutta että hänen äitinsä sanoo, että Amma on heidän äitinsä. Niinpä hän haluaa tietää, kumpi heistä on oikeassa!"

Amma nauroi hyväntahtoisesti yhdessä toisten kanssa tytön viattomuudelle. Sitten hän puristi tyttöä rakkaudellisesti poskesta ja sanoi:

"Haluatko tietää, kuka Amma on?"

Tytön silmät laajenivat ja hän nyökkäsi. Amma sanoi hänelle:

"Jos haluat tietää, kuka Amma on, sinun tulee tietää, kuka sinä olet. Silloin tulet tietämään, kuka Amma on."

Itse olet sinä. Itse on minä. Ymmärrä kuka sinä olet ja ole vapaa.

Poistettuamme kaiken sen mitä me emme ole, jos haluamme tietää todellisen olemuksemme myönteisessä merkityksessä, saamme havaita, että guru ja pyhät kirjoitukset paljastavat lopulta olemuksemme. Nämä myönteiset lausumat toteavat, että Itse on sac-cid-ānanda – puhdas olemassaolo, puhdas tietoisuus, puhdas autuus.

Cit: puhdas tietoisuus

Sac-cid-ānanda -käsitteessä cit tarkoittaa 'puhdasta tietoisuutta'. Olemme itse asiassa jo puhuneet tästä Itsen olemuspuolesta käsitellessämme dṛg-dṛśya vivekaa. Poistaessamme kaiken kokemusmaailmaan liittyvän, saavuimme lopulta kaiken todistajaan – tietoisuuteen, joka valaisee jopa syvän unen tyhjyyttä. Niinpä Bhagavad-Gītāssa ja Upaniṣadeissa onkin monia suoria toteamuksia tästä totuudesta, kuten *prajñānaṁ brahma* – "tietoisuus on Brahman (Jumala)",[23] *tacchuhraṁ jyotiṣām-jyotiṣiḥ* – "Se puhtaista puhtain, valojen valo", *yanmanasā na manute yenāhurnamo matam* – "Se mitä ihminen ei voi ymmärtää mielen avulla, mutta josta sanotaan, että sen avulla mieli tunnetaan",[24] *kṣetrajñaṁ cāpi māṁ viddhi sarva-kṣetreṣu bhārata* – "Oi Bharata, ymmärrä, että Minä olen kaikkien kehojen tuntija".[25]

Nämä edustavat vain pienen pientä valikoimaa. Upaniṣadit on koristeltu tällaisin jalokivien kaltaisin lausunnoin, jotka paljastavat puhtaan tietoisuuden todellisen olemuksen. Upaniṣadit

---

[23] Aitareya Upaniṣad 3.1.3.
[24] Muṇḍaka Upaniṣad 2.2.9.
[25] Bhagavad-Gītā 13.2.

julistavat yhteen ääneen, että me emme ole keho, aistit, mieli tai äly. Me olemme tiedostava tajunta, joka on näiden takana, valaisten aina joko niiden olemassaoloa tai poissaoloa.

Sat: puhdas olemassaolo

Sat tarkoittaa 'puhdasta olemassaoloa'. Yleensä kun joku sanoo 'olemassaolo', me kysymme välittömästi 'minkä?' Tässä emme kuitenkaan puhu olemassaolosta jonkun tietyn kohteen ominaisuutena vaan olemassaolosta sinänsä – alkuperäisestä olennosta, jolla ei ole nimeä eikä muotoa. Näin on siksi, että olemassaolo ei ole Itsen ominaisuus. Näimmehän käsitellessämme dṛg-dṛśya vivekaa, että Itsellä ei ole ominaisuuksia. Aivan niin kuin tietoisuus ei ole Itsen ominaisuus samalla tavoin olemassaolo on Itse. Tätä sana sat perimmältään tarkoittaa. Tämä totuus on Upaniṣadeissa usein toistettu mantra:

> *sad-eva somyedam-agra āsīd-ekam-evādvitīyam |*
>
> Alussa, rakas poika, oli vain puhdas tietoisuus, yksi ilman toista.[26]

Sanoessamme, että Itse on luonteeltaan olemassaoloa, tarkoitamme samalla, että se on ikuinen.

[26] Chāndogya Upaniṣad 6.2.1.

Intian henkisyyttä kuvaavat pyhät kirjoitukset julistavat Itsen ikuista olemusta kaikkialla. Itse asiassa tämä on kaikkein ensimmäisin asia, minkä Krishna kertoo Arjunalle Itsestä.

na tvevāhaṁ jātu nāsaṁ
na tvaṁ neme janādhipāh |
na caiva na bhaviṣyāmaḥ
sarve vayam-ataḥ param ||

Koskaan ei ole ollut aikaa, jolloin Minä en olisi ollut olemassa tai sinä tai nämä vallassa olevat prinssit. Emmekä me koskaan lakkaa olemasta.[27]

Ehkäpä Krishna kertoi tämän Arjunalle heti alkuun, sillä kuolevaisuus on ihmiskunnan perimmäinen huoli. Kukaan ei voi kestää ajatusta täydellisestä lakkaamisesta. Ilman vakuutusta kuolemattomuudestamme pelko lähestyvästä tuomiosta nakertaisi meitä alati ja toisinaan musertaisi meidät täysin – niin kuin Tolstoi tunnetussa tekstissään Tunnustuksia pohdiskeli: ”Onko elämälläni mitään merkitystä, jonka väistämätön kuolema ei tekisi tyhjäksi?” Tai niin kuin eräs humoristi laski asiasta leikkiä

---

[27] Bhagavad-Gīta 2.12.

sanoen: ”En pelkää kuolemaa. En vain halua olla paikan päällä, kun se tapahtuu.”

Suurimman osan ajasta ihmiset onnistuvat työntämään tämän pelon syrjään, mutta se piilottelee silti syvällä sisimmässämme, vaikuttaen alitajuisesti ajatuksiimme, asenteisiimme ja toimiimme. Itse asiassa jotkut psykologit väittävät, että kaikki ihmisen toiminta on perimmältään yritystä painaa päämme hiekkaan ja kieltää lähestyvä kohtalomme. Jos kuitenkin luotamme gurun ja pyhien kirjoitusten opetuksiin, voimme hylätä tällaiset turvattomuuden tunteet, sillä pyhät kirjoitukset kertovat meille heti aluksi, että ātmā on kuolematon. Siinä missä Upaniṣadit paljastavat, että Itsen todellinen olemus on tietoisuus, ne kertovat myös sen ikuisesta olemuksesta: nitya – ikuinen, amṛta – kuolematon, ananta – vailla loppua, śavata – ajaton, sanātana – ainainen, avināsa – tuhoutumaton, avayava – rappeutumaton ja niin edelleen. Vedat ovat täynnä tällaisia kuvauksia.

Myös Amma tietää, että suurin osa ihmisistä pelkää kuolemaa. Tämän takia hän muistuttaa jokaista ohjelmansa aikana siitä, että kehon kuolema ei merkitse loppua: ”Kuolema ei tarkoita täydellistä loppua. Se on kuin laittaisimme pisteen lauseen loppuun. Aivan niin kuin jatkamme kirjoittamista sen jälkeen, samalla tavoin elämä jatkuu." Amma sanoo myös: "Kuolema on kuin siirtyisimme yhdestä junavaunusta toiseen. Elämän matka jatkuu niin kauan, kunnes oivallamme todellisen olemuksemme."

Kun on kysymys siitä, onko sielumme kuolevainen vai kuolematon, emme voi tukeutua pelkästään logiikkaan. Logiikka voi tukea tutkimustamme, mutta vakuuttuneisuuden tämän asian suhteen täytyy tulla ihmismielen rajoitusten tuolta puolen. Ihmiset hyökkäävät näinä päivinä liian usein niitä vastaan, jotka uskovat elämään kuoleman jälkeen, sanoen että he ovat sokean uskon uhreja, että kyse on hölynpölystä. Itse asiassa puhtaan logiikan näkökulmasta tällaisesta keskustelusta tulee tasapeli. Niin kuin asia ilmaistaan Advaita Makarandassa:

na ca svajanma nāṣaṁ vā draṣṭum-arhati kaścana |
tau hi prag-uttarābhāva carama-prathama-kṣanau ||

Eikä kukaan voi nähdä omaa syntymäänsä
tai kuolemaansa,
sillä nämä molemmat ovat ensimmäinen ja
viimeinen tapahtuma ennen ei-olemassaoloa.[28]

---

[28] Advaita Mararanda, säe 15, Lakṣmīdhāra Kavi, 15. vuosisata.

Yllä olevassa säkeessä kirjoittaja viittaa siihen, että suoraa kokemukseen pohjautuvaa todistetta kuolemattomuudesta ei ole mahdollista saada. Jos haluamme saada todisteen omasta kuolemastamme ja syntymästämme, meidän pitäisi olla paikalla ennen syntymää ja kuoleman jälkeen, jotka ovat molemmat paradoksaalisia mahdottomuuksia. Asian ydin on siinä, että jos pitäydymme yksinomaan aistihavaintoihin ja logiikkaan, emme voi silloin äänestää sen enempää sielun kuolevaisuuden kuin kuolemattomuudenkaan puolesta. Tällöin päädymme vedāntan näkökulmasta katsottuna umpikujaan. Itse asiassa kuolemattomuus on etulyöntiasemassa, sillä me olemme kaikki kokeneet olevamme olemassa, mutta kukaan ei ole koskaan kokenut, että ei olisi olemassa. Itse asiassa olemattomuus on pelkkää tarinaa – ei kuoleman jälkeinen elämä. Mutta vaikka Advaita Makarandan esittämä näkökanta esittääkin ateismille vastaväitteen, vedantisteilla on muitakin perusteluita pohjautuen siihen mitä guru ja pyhät kirjoitukset sanovat, sillä ne kaikki julistavat Itsen kuolemattomuutta.

Vaikka meidän perustelumme Itsen kuolemattomuudelle pohjautuu uskoomme guruun ja pyhiin kirjoituksiin, meillä on myös esittää joitakin loogisia perusteluja asialle. Yhden näistä esittää Śrī Kṛṣṇa Bhagavad-Gītān toisessa säkeessä:

dehino'smin-yathādehe kaumāraṁ-yauvanaṁ jarā |
tarthā dehāntara-prāptiḥ dhirastatra na muhyati ||

Ruumiissa ollessaan Itse käy läpi lapsuuden,
nuoruuden ja vanhuuden,
sitten se siirtyy toiseen ruumiiseen – viisas
ei tästä hämmenny.[29]

Kerrottuaan jo Arjunalle, että Todellinen Itse ei ole koskaan syntynyt eikä koskaan kuole, Śrī Kṛṣṇa esittää nyt pidemmän loogisen perustelun. Kyse ei ole todisteesta; todiste ātmānin kuolemattomuudelle on siinä, että kaikki Upaniṣadit ja gurut julistavat yhtäpitävästi sitä. Se vain osoittaa, että ātmānin ikuisuus ei ole logiikan ja kokemuksemme vastaista. Aivan niin kuin totesimme aiemmin: śruti-yukti-anubhava – pyhien kirjoitusten totuudet eivät tee väkivaltaa logiikalle ja kokemukselle, silloin kun ne ymmärretään oikealla tavalla. Tässä Kṛṣṇa sanoo, että jos pohdimme asiaa, havaitsemme, että me – tiedostava tajunta – pysymme samanlaisena koko elämämme ajan. Siinä missä keho käy läpi lapsuuden, muuttuen aikuisuudeksi ja sitten

---

[29] Bhagavad-Gītā 2.13.

alkaa rapistuminen, sama 'minä'-tietoisuus on tiedostanut kaikki nämä muutokset pysyen itse muuttumattomana. Se on tiedostanut myös kaikki ne psyykkiset muutokset, joita nämä eri elämänvaiheet ovat saaneet aikaan. Itse asiassa nämä kolme eri elämänvaihetta – lapsuus, nuoruus ja vanhuus – edustavat kolmea niistä kuudesta muutoksesta, jotka mainitaan vedāntassa: alulle saattaminen, kasvu, kypsyminen, rapistuminen ja tuhoutuminen.[30] Jos olento käy läpi minkä tahansa näistä kuudesta muutoksesta, hän joutuu kokemaan myös loput. Niinpä mikä hyvänsä mikä syntyy, joutuu jonakin päivänä kuolemaan ja niin edelleen. Tämä on varmaa keholle. Olemme nähneet lukemattomien kehojen käyvän lävitse nämä kuusi eri muutosvaihetta. Siitä huolimatta Kṛṣṇa sanoo, että tämä ei ole totta ātmān kohdalla. Ātmān on näiden kuuden eri muutoksen todistaja. Ātmān itsessään säilyy muuttumattomana. Kṛṣṇa laajentaa sanomaansa tässä vaiheessa: Jos olemme olleet vaikutuksilta vapaita tarkkailijoita kehon muuttuessa nuoruudesta aikuisuuteen ja vanhuuteen – jotka ovat keskivaiheen muutoksia – silloin meidän tulisi

---

[30] Ṣaḍ-bhāva vikāras (kuusi muutosta ovat): jāyate, asti, vardhate, vipariṇāmate, apakṣīyate ja vinaśyati.

olla vaikutuksista vapaita tarkkailijoita myös kehon ensimmäisen ja viimeisen muutoksen kohdatessa, nimittäin syntymän ja kuoleman hetkellä. Koska olemme jo saaneet kokea sen, että olemme näiden kolmen eri vaiheen takertumattomia tarkkailijoita, meidän tulisi kaiken logiikan mukaan voida olla näiden muidenkin muutosvaiheitten takertumattomia tarkkailijoita. Tämä on yksi johdonmukainen tukipilari Itsen ikuisuudelle.

Vedisenä aikana, ainakin Śaṅkarācāryan aikaan asti, sielun ikuisuus oli yleisesti hyväksytty. Śaṅkarācāryan ja toisten suurten ajattelijoitten väliset väittelyt koskivat sielun olemusta, ei sitä oliko se olemassa vai ei. Oli kuitenkin olemassa yksi koulukunta nimeltään Cārvāka Darśana,[31]

---

[31] Hindumytologian mukaan Cārvāka Darśanan oppi-isä oli Bṛhaspati, devatojen guru. Kerrotaan, että Bṛhaspati ei itse hyväksynyt darśanaa, sillä hän keitti sen kokoon johdattaakseen demoneja harhaan, jotta heidät olisi siten helpompi tuhota. Hänen ensimmäinen opetuslapsensa oli demoni nimeltään Cārvāka. Cārvāka tarkoittaa kirjaimellisesti "häntä, jonka puhe on suloista", ehkä se viittaa tämän filosofian viekoittelevaan puoleen, joka painottaa sitä, että tulisi nauttia aineellisista nautinnoista niin paljon kuin mahdollista. Sen

joka oli täysin maallinen ja joka torjui kuolemattoman sielun käsitteen. Tätä näkemystä pidettiin kuitenkin niin takaperoisena, että vain vähän vaivaa nähtiin sen kumoamiseen. Jos Śaṅkarācārya kirjoittaisi kommentaarejaan tänä päivänä, ehkäpä Cārvāka olisi hänen päävastustajansa. Siinä missä suuri enemmistö uskoo Jumalaan ja elämään kuoleman jälkeen, moni epäilee silti. Ja moni uskoo, että tietoisuus ei ole Itsen ominaisuus vaan, että se syntyy tavalla tai toisella aineellisesta kehosta – että se syntyy jollakin tavoin siitä, miten keho on järjestynyt. Kun tämä näkemys tuodaan esille Brahma Sūtrissa, Śaṅkarācārya kumoaa sen perusteellisesti.[32] Katsokaamme lyhyesti mitä Śaṅkarācārya sanoo.

Pitäen ātmaa tietoisuutena Śaṅkarācārya tuo esille sen, että jos tietoisuus olisi aineellisen kehon tuotos, sen tulisi siinä tapauksessa jatkua myös kuolleessa kehossa. Aineellinen keho on

---

alkuperäinen tekstilähde, Bārhaspatya Sūtrat on kadotettu aikoja sitten. Tiedämme siitä lähinnä filosofian historioitsijoiden tulkintojen pohjalta, kuten Swāmi Vidyāraṇyan Sarva Darśana Saṅgrahan pohjalta, jossa tuodaan esille Cārvākan näkemyksiä, jotka toiset filosofit kumoavat.

[32] Brahma Sūtra, Akātmya Adhikaraṇam 3.3-54.

näet olemassa jonkin aikaa kuoleman jälkeen, mutta kukaan ei kuitenkaan ole sitä mieltä, että se olisi tietoinen. Tänä päivänä voimme lisätä tähän, että jopa kryogeenisesti jäädytettyjä ruumiita ei pidetä tietoisina. Tämä viittaa tämän väitteen loogiseen virhepäätelmään: Koska me koemme tietoisuuden vain ruumiin välityksellä, silloin ruumiin tulisi olla tietoisuuden lähde.

Seuraavaksi Śaṅkarācārya osoittaa tämän väitteen vastakkaisen puolen loogisen mahdottomuuden. Ensin hän kiisti sen väitteen, että ”Missä on keho, siellä on tietoisuus”. Nyt hän kiistää sen ajatuksen, että ”Missä ei ole kehoa, siellä ei ole tietoisuuttakaan”. Hän sanoo, että koska emme näe minkäänlaisia merkkejä tietoisuudesta kuolleessa ruumiissa, ei tarkoita sitä, että voimme olla varmoja, että tietoisuus on päättynyt. Voi näet olla muita syitä siihen, miksi tietoisuus ei voi ilmetä kuolleessa ruumiissa. Tähän Amma usein viittaa: ”Kun lamppu palaa poroksi tai tuuletin ei enää pyöri, se ei tarkoita että sähköä ei enää olisi”, hän sanoo. ”Se on yhä olemassa. Se tarkoittaa vain, että sähkölamppu tai tuuletin ovat lakanneet olemasta sopivassa kunnossa, jotta sähkö voisi toimia niissä. Tietoisuus tarvitsee myös sopivanlaisen käyttövälineen, jonka kautta se voi ilmetä. Ātmā on ikuinen ja kaikkialla. Kuolema tapahtuu, ei sen takia että ātmā ei olisi läsnä vaan sen takia, että käyttöväline, keho on tuhoutunut. Kuoleman hetkellä ruumis ei ole enää kykeneväinen ilmaisemaan tietoisuutta. Kuolema tarkoittaa käyttövälineen hajoamista – eikä sitä, että ātmā olisi jollakin tavoin epätäydellinen. Niinpä Śaṅkarācārya ja Amma sanovat, että koska emme koe tietoisuutta kuolleessa ruumiissa, se ei tarkoita sitä että tietoisuus ei olisi läsnä. Śaṅkarācārya tuo esille tämän perustelun, ei sanoakseen, että ruumiin jättänyt yksilö olisi kuolleen ruumiin vankina – elävien tietämättä, vaan tuodakseen esille sen, että kykenemättömyytemme havaita tietoisuutta ruumiissa ei ole lopullinen todiste sen poissaolosta.

Śaṅkarācārya tarjoaa tämän jälkeen kolmannen perustelun sille, miksi keho ei voi olla tietoisuuden alkulähde. Hän sanoo, että kaikki mitä me näemme tässä maailmankaikkeudessa – avaruus, tuuli, tuli, vesi ja maa sekä niiden tuotokset – ovat elottomia. Sen tähden tämä keho, jonka voimme nähdä, on näiden elottomien ainesosien tuotos, sen täytyy myös loogisesti ottaen olla eloton. Kuinka se siis voisi olla tietoisuuden lähde?

Vielä toinen perustelu: Me voimme yleisesti ottaen kokea ominaisuuksia. Jos jonkun keho on lihava, minä koen hänen lihavuutensa. Jos jonkun keho haisee pahalle, minä koen senkin. Jos näin on asian laita ja tietoisuus on kehon ominaisuus, eikö minun pitäisi näin ollen voida kokea tuo tietoisuus samalla tavoin? Silti kukaan ei voi koskaan kokea toisen tietoisuutta.

Lopullinen perustelu. Ymmärtääksemme tämän lopullisen perustelun, meidän tulee palata joihinkin seikkoihin, joista keskustelimme osana dṛg-dṛśya vivekaa. Sanoimme tuolloin, että kokija-subjekti ei voi koskaan havaita itseään. Silmä, joka omaa kyvyn nähdä lukemattomia erilaisia kohteita, ei voi koskaan nähdä itseään. Śaṅkarācārya esittää tässä pienoisen muunnoksen tähän ajatukseen. Hän sanoo, että jonkin tietyn olennon ominaisuus ei voi koskaan havaita sitä olentoa, jonka ominaisuus se on. Tämä tarkoittaa, että kun pidämme kykyä nähdä silmien ominaisuutena, tuo kyky ei salli meidän nähdä koskaan silmiä. Maistamisen kyky taas ei kykene maistamaan kieltä. Tämän logiikan mukaisesti Śaṅkarācārya sanoo, että jos tietoisuus olisi kehon ominaisuus, se ei voisi olla tietoinen kehosta. Ja kuitenkin me olemme tietoisia kehostamme. Senpä tähden tietoisuus ei voi olla kehon ominaisuus.

Emme kuitenkaan pidä näitä väitteitä todisteena sille, että ikuinen tietoisuus olisi Itsen olemus tai että Itse ylittää kuoleman ja niin edelleen. Todiste on siinä, että pyhät kirjoitukset ja guru sanovat niin. Kaikki nämä perustelut voivat silti paljastaa meille vastakkaisten näkemysten epäjohdonmukaisuuden, jotka pyritään esittämään niin kuin yksin ne lankeaisivat järkiperäisyyden kategoriaan. Siten usko gurun ja pyhien kirjoitusten sanomaan on tärkeää. Jos rajaamme logiikan käytön vain aistihavaintoihimme, emme pääse minnekään. Niin kuin Bhartṛhari sanoo:

yatnenānumito'pyarthaḥ kuśalairnanumātṛbhiḥ |
abhiyuktatarainaiḥ anyathaivo papāyate ||

Mihin hyvänsä johtopäätökseen älykkäät
loogikot päätyvät suurin ponnistuksin,
sen selittävät toisin vielä älykkäämmät.[33]

Niinpä se mikä näyttää loogiselta yhdestä näkökulmasta katsottuna on täysin järjetön toisesta näkökulmasta katsottuna. Niin kuin Amma sanoo:

---

[33] Vākyapadīya 1.34.

"Jos haluamme kulkea läpi elämän horjumattomin askelin silloin kuin joudumme kohtaamaan vaikeuksia, meidän tulee turvautua Jumalaan ja Hänen polkuunsa. Ilman sitä elämä on kuin oikeussali-istunto, jossa kaksi lakimiestä riitelee ilman tuomarin läsnäoloa. Kuuleminen ei johda mihinkään. Jos he etenevät ilman tuomaria, silloin ratkaisu ei ole mahdollinen."

Mitä on totuus? Minkälainen on polkumme? Minkälainen on tämä Itse, joka minä olen? Me voimme väitellä näistä asioista logiikkaan turvautuen, mutta saavuttaakseen lopullisen vakuuttuneisuuden, meidän tulee seurata gurun ja pyhien kirjoitusten opetuksia.

Aikaisemmissa Amman opetusten lainauksissa, joissa sanottiin, että kuolema on kuin piste lauseen lopussa tai että se on kuin vaihtaisi junassa vaunua, Amma puhui itse asiassa jälleensyntymisestä. Sellaisina ne ovat lausuntoja sielun ikuisuudesta aikajanan sisällä – siitä miten hienosyinen keho jää jäljelle aineellisen kehon kuoleman jälkeen ja omaksuu jälleen uuden kehon. Ne ovat samanlaisia kuin Gītān säe:

vāsāṁsi jīrṇāni yathā vihāya navāni gṛhnāti naro'parāṇi |
tathā śarīrāṇi vihāya jirṇāni ayāni saṁyāti navāni dehī ||

> Niin kuin ihminen, joka heittää pois kuluneet
> vaatteensa ja laittaa päälleen
> uudet vaatteet, niin hylkää sielu rappeutuneen
> ruumiinsa ja asettuu uuteen ruumiiseen.[34]

Aivan kuin sanoimme tämän luvun alussa sat-cid-ānanda -käsitteestä puhuessamme, että sat tarkoittaa ikuisuutta aivan toisella tasolla. Se ei tarkoita ikuisuutta ajallisuuden mittakaavassa, vaan ikuisuutta, joka on ajan käsitteen perusta. Laskeutuessaan tälle tasolle Amma sanoo:

"Ihmiset viettävät syntymäpäiväänsä fanfaareja toitottaen, mutta tosiasiassa niin kauan kuin vietämme syntymäpäiväämme, me samalla vahvistamme kuolinpäivämme. Todellinen syntymäpäivä on päivä, jolloin ymmärrämme, että me emme ole koskaan syntyneet emmekä koskaan kuole. Ātmā ei koskaan synny eikä koskaan kuole. Se on kuin valtameri. Valtameri ei koskaan muutu, se säilyy kaikkien aaltojen perustana, jotka nousevat sen pinnalla. Mitä aalto loppujen lopuksi on? Se on vain vettä. Yksi aalto ilmestyy ja katoaa. Sitten toinen aalto tulee ja sekin katoaa. Ja jälleen uusi aalto ilmestyy toisaalla toisen näköisenä. Mutta mitä nämä kaikki ovat? Ne ovat merivettä eri näköisissä

---

[34] Bhagavad-Gītā 2.22.

ja erilaisissa muodoissa. Aallot ilmestyvät ja katoavat, ilmestyvät jälleen ja katoavat jälleen, mutta itse vesi säilyy samanlaisena, se ei koskaan muutu. Niinpä aallot ovat samaa vettä eri muodoissa ja eri paikoissa. Samalla tavoin paramātmā ilmenee jīvoina eri hahmoissa ja muodoissa. Muodot ja hahmot ilmestyvät ja katoavat, mutta niiden ydinolemus, alkulähde – ātmā – säilyy muuttumattomana ikuisesti, niin kuin valtameri.

Sen tähden sanoessamme, että ātmā on 'puhdasta olemassaoloa', missä hyvänsä olemassaolo koetaan, kyse on Itsestä. ja missä olemassaolo koetaan? Kaikkialla. Me kaikki koemme olemassaoloa. Kyse on vain siitä, että me emme koe 'puhdasta olemassaoloa'. Me emme voi kokea puhdasta olemassaoloa, koska me olemme se ja niin kuin sanoimme kirjan alussa: "Kokija-subjekti ei voi koskaan olla kokemisen kohde". Niinpä voimme kokea itsemme vain heijastumana. Mihin me heijastumme? Me heijastumme jokaiseen kohteeseen tässä maailmankaikkeudessa. Miten? Siten, että olemassaolo läpäisee kaikki kohteet.

Kun esimerkiksi katselemme ympärillemme huoneessa, näemme erilaisia asioita: ehkäpä kirjoituspöydän, pöydän ja tuolin, toisen ihmisen, kissan, seinän ja niin edelleen. Me sanomme: ”Pöytä *on*.” ”Kissa *on*.” ”Seinä *on*” ja niin edelleen. Vedānta opettaa, että nämä toteamukset eivät paljasta ykseyden kokemusta vaan kaksinaisuuden kokemuksen: kokemuksen kohteesta ja kokemuksen itsestämme – puhtaasta olemassaolosta – joka heijastuu kohteessa. Olemassaolon ulottuvuutta edustaa verbi ’on’.

Niinpä sinä, ātmā, olet puhdas oleminen. Sinä koet itsesi kaikissa kohteissa, niitten kautta – sisäisesti ja ulkoisesti – luomakunnassa. Sillä minne hyvänsä jokin kohde ilmaantuu, tuo kohde heijastuu ātmāssa ja ātmā ilmenee kohteessa sen olemassaolona.

Niinpä, mitä on maailma? Se on kohteita ja olemassaoloa. Jos poistat olemassaolon, kohteet eivät voi olla, sillä olet poistanut niiden perustan. Toisaalta, jos poistat kohteet, olemassaolo jää jäljelle, mutta se ei enää ilmene. Ja mitä on tämä olemassaolo? Se on ātmā. Ja mitä on ātmā? Se olet sinä.

Niinpä, minne hyvänsä katsotkin, näet itsesi – oman heijastumasi. Sinä olet sat – olemisen periaate, joka on läsnä kaikissa kokemuksissa, joita koet. Hän, joka todella tuntee Itsen – ātmā-jñānī niin kuin Amma – tietää siten, että hän kokee aina oman Itsensä koko luomakunnassa.

Kaikkialle minne katsomme, siellä koemme kaksinaisuuden kokemuksen: sat ātmān sekä nimen ja muodon.

Kerran kun Amma lensi ohjelmaansa Australiaan, pieni, viisivuotias tyttö istui hänen vierellään. Lapsella oli värityskirja ja Amma kysyi, värittäisikö tyttö hänen kanssaan. He tekivät sopimuksen. Tyttö valitsisi värin ja Amma värittäisi. Itse asiassa värityskirjat olivat olleet tytön vanhempien pääasiallinen tapa, millä he olivat pitäneet tytön huomion kiinnitettynä Amman ohjelmien aikana. Nähdessään hänen niin usein värittävän eräs Amman opetuslapsista oli sanonut lapsesta: "Siinä missä sinä olet värittänyt noita kuvia, Amma on värittänyt sinua." Joten kun pieni tyttö ja Amma lopettivat kuvan värittämisen, lapsi oli kysynyt Ammalta:

"Varititkö sinä minutkin tuolla tavoin?"

Amma katsoi häntä muutaman hetken ja sanoi sitten:

"Minun ei tarvinnut värittää sinua. Tiedäthän, kun katsot peiliin, näet toisen itsesi? Sinä olet vain toinen minä – heijastuma. Jokainen on heijastuma, jokainen kasvi, eläin ja ihminen. Jopa kepit ja kivet.

Lapsi sanoi Ammalle:

”Mutta sinä näytät erilaiselta kuin kaikki muut! Sinä olet paljon kauniimpi!”

Amma suukotti häntä otsalle ja sanoi:

”Sinä vain näet minut eri tavalla. Minä näen kaikki samalla tavoin. Sinä näet kauneutta ja rumuutta. Mutta minulle on olemassa vain kauneutta, sillä kaikki on minua.”

Nähdessämme puhtaan olemisen, joka on meidän Itsemme – ātmān – heijastuvan kaikkialla, se on ’seuraavan tason ikuisuutta’. Oliko tämä olemassaolon periaate olemassa menneisyydessä? Oli tietenkin. Kyse on ikuisesta tekijästä, joka on ollut silloinkin, kun koko maailmankaikkeus on todennut: ”Vain tyhjyys vallitsee”. Aika on suhteellinen tekijä, se edellyttää kaksinaisuutta. Vain kun on olemassa kaksi hetkeä – olivat ne sitten toisistaan aikakausien tai millisekuntien päässä – voimme puhua ajasta. Mutta voidaksemme puhua ajasta tarvitaan olemassaoloa – ’aika on’.

Ymmärtäessämme, että ātmā on ajan perusta, meidän ymmärryskykymme kohoaa siitä käsityksestä, että Itse olisi ajan piirissä ’seuraavan tason’ ikuisuuden ymmärtämiseen. Niinpä sat osana sat-chit-ānandaa ei viittaa johonkin, joka on pysyvästi olemassa. Sat on itse olemassaolo – kaikkien pysymättömien olentojen oleminen.

Toistaiseksi olemme puhuneet käsitteestä sat suhteessa aikaan. Mutta olemassaolo on asia, joka on totta myös suhteessa tilaan. Siinä missä sanomme, että kaikki hetket ajassa ovat olemassa puhtaassa olemisessa, samaten kaikki on olemassa tilassa: ”Talo on täällä”, ”Kuu on tuolla”, ”Valo on kaikkialla” ja niin edelleen. Kaikki paikat, jotka voit havaita tilassa, olemassaolo on silloin myös läsnä.

Amma ei koskaan menetä näkyvistään sitä, että puhdas oleminen on hänen todellinen olemuksensa. Amma on lopultakin täällä sitä varten, että hän kohottaisi meidät tähän ymmärrykseen. Kerran kun Amma palasi maailmankiertueelta, eräät āśramin asukkaat, jotka olivat ikävöineet Ammaa, valittivat sanoen:

”Amma oli niin pitkään poissa. Kun olet poissa niin pitkään, meistä tuntuu niin kuin olisit hylännyt meidät.”

Amma vastasi:

”Minne minä voin mennä? En voi sen enempää mennä minnekään kuin palata minnekään.”

Amma paljasti näin ykseytensä Todellisen Itsen kanssa – kaiken alkulähteen kanssa, joka heijastuu olemassaolon jokaisessa atomissa.

Ātmān kaikkiallisuudesta kerrotaan vertauskuvallisesti lukemattomissa Purāṇoitten ja Itīhāsojen tarinoissa. Eräässä tarinassa on Śuka, Vedavyāsan poika. Legendan mukaan Pārvatī-jumaltar kysyi eräänä päivänä Śivalta pääkalloista tehdystä kaulanauhasta, joka roikkui aina hänen kaulansa ympärillä. Hän halusi tietää keiden pääkalloja ne olivat. Śiva halusi ohittaa kysymyksen, mutta Pārvatīn uteliaisuus oli herännyt eikä hän antanut periksi. Lopulta Śiva myönsi, että ne kuuluivat Pārvatīlle.

"Kuinka ne saattavat olla minun kallojani?" hän kysyi.

Śiva selitti hänelle, että hän rakastaa tätä niin paljon, että joka kerta kun hän kuolee, hän poimii talteen hänen pääkallonsa hautaroviosta ja laittaa sen roikkumaan kaulansa ympärille. Kun hän sitten syntyy jälleen uudelleen, hän etsii hänet ja menee hänen kanssaan jälleen naimisiin. Joka kerta kun hän kuolee, hän lisää jälleen yhden pääkallon kaulanauhaansa. Pārvatī oli hämmentynyt.

"Minkä takia sinä olet kuolematon, kun taas minä kuolen aina?"

Śiva selitti sen johtuvan siitä, että hän tunsi kuolemattomuuden salaisuuden, kun taas Pārvatī ei sitä tuntenut. Pārvatī tietenkin pyysi häntä opettamaan sen hänelle. Rakastavana aviomiehenä hän teki niin. Ensin hän kuitenkin ravisteli ḍamaru-rumpuaan pelottaakseen kaikki olennot tiehensä, jotka olivat kuuloetäisyydellä, sillä vain heidän, jotka olivat kypsiä kuulemaan tämän salaisuuden, tulisi se kuulla. Sitten hän sanoi Pārvatīlle, että kun hän kertoisi tästä salaisuudesta, hänen tulisi aika ajoin sanoa "kyllä, kyllä", sillä tämä tarina on pitkä ja hänen täytyisi saada tietää olisiko hän vaipumassa uneen. Pārvatī suostui ja niinpä hän ryhtyi selittämään.

Kun Śiva selitti, Pārvatī nyökkäsi aina muutaman minuutin väliajoin ja sanoi: "Kyllä, kyllä". Mutta lopulta hän nukahti. Śiva ei kuitenkaan huomannut tätä. Se johtui siitä, että läheisessä puussa oli juuri kuoritumaisillaan oleva muna sisällään papukaijan poikanen. Kuullessaan Pārvatīn sanovan: "Kyllä, kyllä", vauvapapukaija oli ryhtynyt matkimaan sitä kuunnellessaan Śivan kertomusta.

Kun tarina päättyi, Śiva huomasi yhtäkkiä, että Pārvatī oli nukahtanut. Samassa hän tajusi, että jonkun toisen oli täytynyt sanoa: "Kyllä, kyllä". Nähdessään juuri kuoriutuneen papukaijan, hän suuntasi kolmikärkensä sitä kohden tuntiessaan, että se ei ollut kypsä ottamaan vastaan kuolemattomuuden tietoa. Papukaija lensi niin nopeasti kuin se vain saattoi, Śiva kannoillaan.

Papukaija lensi sinne ja tänne, mutta ei kyennyt karistamaan Śivaa kannoiltaan. Lentäessään täyttä vauhtia se kääntyi kulman ympäri ja tuli pyhimys Vedavyāsan ja hänen vaimonsa Piṅjalān leiriin. Juuri tuolla hetkellä Piṅjalā haukotteli ja papukaija lensi hänen suuhunsa ja päätyi alas hänen vatsaansa.

Śiva vaati papukaijaa tulemaan ulos, jotta hän voisi tappaa sen. Mutta Vyāsa selitti hänelle, että se oli nyt myöhäistä. Papukaija oli nyt kuolematon, joten Śiva ei voisi enää tappaa sitä millään tavoin.

Ongelma on siinä, että papukaija ei halunnut enää koskaan tulla ulos. Se omasi nyt viisautta ja tiesi, että maailma oli täynnä vankeutta ja riippuvuuksia. Papukaija sanoi Piṅjalan vatsasta:

”Jos tulen ulos, minua tullaan pitämään sinun poikanasi ja me molemmat tulemme kokemaan vankilassa olon tuskaa.”

Vyāsa yritti houkutella sitä ulos, mutta se ei antanut periksi. Papukaija oli kaksitoista vuotta Piṅjalan vatsassa kasvaen kaiken aikaa niin kuin tavallinen ihmislapsi. Piṅjala, jonka vatsassa oli 12-vuotias lapsi, joutui kokemaan suurta tuskaa. Niinpä Vyāsa rukoili Kṛṣṇaa, joka ilmestyi välittömästi näyttämölle. Śrī Kṛṣṇa vakuutti papukaijalle, että se ei joutuisi kärsimään riippuvuudesta ja että se saavuttaisi nopeasti ātma-jñānamin ja sen myötä vapautuksen. Rauhoittuen näin papukaija tuli ulos 12-vuotiaan pojan hahmossa ja koossa. Vyāsa ja Piṅjala antoivat hänelle nimeksi Śuka, joka tarkoittaa 'papukaijaa' sanskritin kielellä.

Kṛṣṇan lupauksen mukaisesti Śuka oli hyvin takertumaton ja lähti 16-vuotiaana ryhtyäkseen harjoittamaan sannyāsaa ja suorittamaan henkisiä harjoituksia saavuttaakseen Itse-tietoisuuden. Vyāsa taas oli kiintynyt kovasti poikaansa ja kun hän huomasi, että hänen poikansa oli lähtenyt, hän yritti löytää tämän saadakseen hänet muuttamaan mielensä. Se oli kuitenkin liian myöhäistä. Śuka oli jo oivaltanut meditaationsa syvyyksissä ykseytensä kaikkien elementtien taustalla olevan alkulähteen kanssa, sulautuen kaikkeuteen. Hän oli kadonnut Vyāsalta, joka ei kyennyt löytämään häntä, etsipä hän sitten kuinka kauan hyvänsä. Lopulta Vyāsa kutsui häntä surun ja paniikin vallassa:

"Poika! Poika! Poika!"

Ja tarina kertoo, että koko luonto – maaperä, ilma, aurinko, joet ja jopa avaruus – vastasivat hänelle kuorossa:

”Isä... Isä... Isä...”

Niin surrealistisia ja mielikuvituksellisia kuin jotkut Purāṇoitten tarinat ovatkaan, niin siitä huolimatta ne sisältävät henkisen elämän syvimpiä totuuksia. Uskoimmepa sitten tai emme siihen, että Śuka syntyi pojaksi lennettyään sitä ennen Piñjalan kohtuun, sillä ei oikeastaan ole väliä. Olennaista on se, että tavoitamme sen totuuden, minkä tarina haluaa meille kertoa. Aivan niin kuin Amma sanoo: ”Imettyämme mehun sokeriruosta, voimme sylkäistä ruo'on pois.” Tässä tarinassa mehu edustaa sitä totuutta, että perimmäiseltä olemukseltamme me olemme puhdasta olemassaoloa. Vyāsa etsi poikansa rajallista aineellista kehoa. Mutta Śuka oli oivaltanut, että hän ei ollut karkea aineellinen keho vaan sad-ātmā – ydinolemus, oleminen, joka kannattelee kaikkia kehoja, kaikkia luonnon elementtejä. Niinpä Śuka oli kaikkialla. Tätä symboloi se, että luonto kokonaisuudessaan vastasi hänelle, kun Vyāsa kutsui poikaansa.

Saattaa vaikuttaa siltä, että tässä tarinassa on ripaus surua, suloisen haikeaa. Śuka on saavuttanut koko maailmankaikkeuden, mutta Vyāsa on menettänyt poikansa. Tosiasiassa se, että Śuka oli sulautunut maailmankaikkeuden kanssa, tarkoitti, että hän ei koskaan jättänyt isäänsä. Siinä, missä Śuka on kaiken läpäisevä olemassaolo, niin on Vyāsakin. Ei voi olla kahta kaiken läpäisevää. Niinpä kyse ei ole lopulta tarinasta, joka kertoisi erosta vaan ykseydestä. Ei ole olemassa montaa ātmaa, on vain yksi ātmā. Niinpä kyse on siitä niin kuin vesipisara itkisi ja sanoisi merelle: "Miksi minun täytyy olla sinusta erossa?" Ja meri nauraisi sanoen: "Mitä tarkoitat? Me olemme kaikki samaa vettä."

Amma on sanonut Śukan sulautumisesta: "Ihminen, joka on tullut yhdeksi korkeimman tietoisuuden kanssa, on samalla yhtä koko luomakunnan kanssa. Hän ei ole enää vain keho. Hän on se elämänvoima, joka loistaa kaikkialla luonnossa. Hän on se tietoisuus, joka lahjoittaa kauneuden ja elinvoiman kaikelle. Hän on ātmā, joka läpäisee kaiken. Tässä piilee tarinan opetus."

Totuus siitä, että ātmā meissä on yksi ja sama ātmā – eli että jokainen olento luomakunnassa aikojen alusta asti omaa sisällään yhden ja saman tietoisuuden – pitää sisällään jälleen yhden ominaisuuden olemuksestamme, jota emme voi kokea aisteillamme emmekä logiikan avulla. Kyse on totuudesta, jonka voimme oppia itsestämme gurulta ja pyhistä kirjoituksista. Kun hyväksymme tämän, tulemme ymmärtämään, että aivan niin kuin oma kokemuksemme ja logiikka eivät voi lahjoittaa meille tietoa ei-kaksinaisuudesta, samalla tavoin se ei voi sitä kieltääkään. Kunnioittava uskomme guruun ja pyhiin kirjoituksiin tekee siitä meille tosiasian.

Amma kertoo meille tämän totuuden säännöllisin väliajoin. Niin kuin totesimme aikaisemmin, Amma sanoo usein, että jos haluamme tietää kuka Amma on, meidän tulee tietää, keitä me olemme. Tämä tarkoittaa sitä, että kaikkien Todellinen Itse on yksi. Niin kuin Amma kaunopuheisesti ilmaisee asian: ”Itse minussa on sinä ja sinä sinussa olet minä.”

Upaniṣadit ja Bhagavad-Gītā ilmaisevat johdonmukaisella tavalla tämän totuuden ikuisesta ykseydestä.

eko devaḥ sarva-bhūteṣu gūḍhaḥ sarvavyāpī
sarva-bhūtāntarātmā |
karmādhakṣaḥ sarva-bhūtādhivāsaḥ sākṣī cetā
kevalo nirguṇaśca ||

Yksi jumalallisuus, joka on piilotettu kaikkiin olentoihin, kaikkialla läsnäoleva, kaikkien olentojen sisin ātmā, kaikkien karmojen säätelijä,
kaikkien olentojen turva, todistaja, tietoisuus-ulottuvuus, ei-kaksinainen,

ominaisuuksia vailla oleva."[35]

Niin kuin Īśāvāsya Upaniṣadeissa sanotaan:

yasmin-sarvāni-bhūtānyātmaivābhūd-vijānataḥ |
tatra ko mohaḥ kaḥ śoka ekatvam-anupaśyataḥ ||

Kun tiedon omaava näkee kaikki olennot ātmāna,
kuinka ykseyden näkijä voisi enää olla harhan tai surun vallassa?

Sekä:

yadā bhūt-pṛtha-bhāvam ekastham-anupaśyati |
tata eva va vistāraṁ brahma saṁpadyate tadā ||

Ken näkee moninaiset olennot yhtenä, että ne ilmentävät
yksin sitä, silloin hänestä tulee Brahman.[36]

Ja Śrī Kṛṣṇa sanoo Gītāssa:

sava-bhūtastham-ātmānaṁ sarva-bhūtāni cātmani |
īkṣsate yoga-yuktātmā sarvatra sama-darśanaḥ ||
yo māṁ paśyati sarvatra sarvam ca mayi paśyati |
tasyāhaṁ na praṇaśyāmi sa ca me na praṇaśyāmi sa ca me na praṇaśyāti |

---

[35] Śvetāśvatara Upaniṣad, 6.11.
[36] Īśāvāvya Upaniṣad, 7.

> Ken on suuntautunut joogaan ja näkee saman kaikkialla,
> hän näkee Itsen kaikissa ja kaikki olennot Itsessä.
> Ken näkee Minut kaikkialla ja kaiken Minussa,
> hän ei kadota Minua näkökentästään enkä Minä kadota häntä.[37]

Nämä kaksi Gītān säettä tuovat esille jälleen sen, mitä me tavoittelemme, muutosta ymmärryskyvyssämme. Meidän tulee ymmärtää, että vaikka näemmekin moninaisuutta, todellisuudessa on olemassa vain yksi ātmā kaikkien näennäisesti erillisten olentojen sydämessä. Tämä on vaikeaa siksi, että ulkomuoto on harhaanjohtavasti aivan vastakkainen. Selittääkseen tätä ilmiötä Amma pitää erityisesti tietystä esimerkistä – siitä, että yksi ja sama aurinko heijastuu monessa vesiruukussa. Amma sanoo:

”Sanokaamme, että otat sata vesiruukkua ja laitat ne auringon alle. Näet jokaisessa auringon – eikö niin? Mutta se ei kuitenkaan tarkoita, että olisi olemassa sata aurinkoa. Aurinko on yksi, mutta heijastuksia on monia.”

Sama esimerkki kerrotaan Upaniṣadeissa, jossa puhutaan auringon sijasta kuun heijastumista:

---

[37] Bhagavad-Gītā, 13.30.

eka eva hi bhūtātmā bhūte bhūte vyavasthitaḥ |
ekadhā bahudhā caiva dṛśyate jalacandravat ||

Ātma, joka on yksi, on läsnä kaikissa olennoissa.
Vaikka se onkin yksi,
se ilmenee monena, niin kuin kuu, joka
heijastuu (useiden ruukkujen) vedessä.[38]

Tästä esimerkistä puhutaan pitkään myös Brahma Sūtrissa,[39] samoin kuin tärkeissä Vedantaa käsittelevissä teoksissa, kuten Naiṣkarmya Siddhissä,[40] jonka on kirjoittanut Sureśvarācārya, yksi Śaṅkarācāryan neljästä suorasta opetuslapsesta. Lyhyesti sanottuna, pyhät kirjoitukset ja advaita-jñānīt[41] julistavat, että on olemassa vain yksi ātmā, joka ilmenee eri tavoin luomakunnassa puhtaana tietoisuutena, joka on kaikkien näkemiemme olentojen perusta.

Päämme saattaa räjähtää tässä vaiheessa. Kuinka minä, pieni ihminen, joka en edes ehdi töihin ajoissa, saattaisin olla kaikkialla läsnä oleva puhdas olemassaolo, joka pitää sisällään ajan ja paikan – tuo Yksi, Todellinen Itse, joka ilmenee jokaisena elollisena ja elottomana olentona?

---

[38] Ibid, 6.29-30.

[39] Brahma Sūtra, 3.2.18.

[40] Naiṣkarmya Siddhi, 2.47.

[41] Advaita-jñānī tarkoittaa ykseysfilosofian tuntijaa, valaistunutta.

Sanoessamme näin, meidän tulee tiedostaa, että olemme vaipuneet takaisin tietämättömyyden tilaan. Kun guru ja pyhät kirjoitukset sanovat, että me olemme puhdas olemisen tila, joka on koko kosmoksen perusta, he eivät tarkoita meitä inhimillisinä olentoina vaan Todellista Itseämme. He tarkoittavat tietoisuutta, joka jää jäljelle, kun poistamme erottelukyvyn saksilla persoonallisuutemme pinnalliset rakenteet. Muistakaamme, että emme ole tämä ruumis, emmekä mieli, emme ole ego. Olemme puhdas tarkkaileva tietoisuus, joka valaisee keho-kokemuksemme, mieli-kokemuksemme, ego-kokemuksemme. Kun olemme kirjoittaneet uudelleen käsityksen itsestämme tällä tavoin, silloin ajatus siitä, että minä, puhdas tarkkaileva tietoisuus olen myös puhdas olemassaolo ei ole enää niin epätodellinen.

Ānanda: puhdas autuus

Lopulta me saavumme Itsen olemuspuoleen, jota olemme kaikki odottaneet: ānandaan – autuuteen. Yksin tätä varten aloitimme matkamme – eikö totta? Elämämme tärkein päämäärä – muiden mahdollisten tavoittelemiemme päämäärien lisäksi – on olla onnellinen, saada kokea rakkautta ja rauhaa. Kaikkeen tähän viittaa sana ānanda.

Amma ja pyhät kirjoitukset sanovat, että autuus ei ole ulkopuolellamme oleva ilmiö. Se on meidän Todellinen Itsemme. Siinä missä me olemme se yksi tietoisuus, joka läpäisee koko maailmankaikkeuden, missä me olemme yksi olemassaolo, me olemme myös yksi autuus. Onnellisuus näyttää syntyvän ulkoisista kohteista, mutta tosiasiassa onnellisuus on meidän todellinen olemuksemme. Upaniṣadeissa on tärkeitä ajatelmia, jotka kuvaavat tätä:

yo vai bhūma tat-sukhaṁ nālpe sukham-asti
bhūmaiva sukham |

Se mikä on todella ääretön (Brahman) – on autuus. Äärellinen ei tuota iloa. Ääretön yksin on autuus.[42]

Ja:

yad-vai tat sukṛtam | raso vai saḥ |
rasaṁ hyevāyaṁ labdhvā"nandī bhavati |

Se joka tunnetaan Itsensä luovana (Brahmanina) on todellisen ilon lähde, sillä hänestä tulee onnellinen, ken saa yhteyden tähän ilon lähteeseen.

Ja:

---

[42] Chāndogya Upaniṣad, 7.23.1

ānando brahmeti vyajānāt | ānandāddhyeva khalivamāni bhūtāni jāyante | ānandena jātāni jīvanti | ānandaṁ prayantyabhisaṁviśāntīti |

Hän tunnisti Brahman autuudesta, sillä autuudesta nämä kaikki olennot saavat alkunsa. Synnyttyään autuus ylläpitää heitä, he kulkevat kohden autuutta ja sulautuvat siihen.[43]

Niin kuin tämän kirjan alussa olevassa Amman ajatelmassa sanotaan – "Meidän elämämme tarkoituksena on syntyä rakkaudesta, elää rakkaudessa ja lopulta päättyä rakkauteen, mutta valitettavasti, vaikka moni meistä etsii koko elämänsä rakkautta, suurin osa meistä kuolee löytämättä sitä koskaan" – ātmaan liittyvää ānandan olemuspuolta on kaikkein vaikein ymmärtää. Meidän on kaikkein helpointa hyväksyä se, että me olemme aina olemassa. Se tosiasia, että me olemme aina tietoisia, on myös melko helppo ymmärtää. Mutta kun guru kertoo meille, että "Sinä olet autuuden ydinolemus", me saatamme ajatella, että tällä kertaa hän ei ole oikeassa. Joko näin tai että hän ei tunne meidän todellista mielentilaamme.

[43] Taittirīya Upaniṣad, 2.7.1

Tässäkin meitä auttaa, kun otamme esimerkin peilistä. Muistakaamme, että koska olemme itse kokija, emme voi koskaan kokea itseämme suoraan. Voimme vain kokea itsemme epäsuorasti, sellaisena kuin heijastumme ympäröivään maailmankaikkeuteen – sekä ulkoisen maailman universumiin että keho-mielen sisäiseen universumiin. Kuten aiemmin on kerrottu, meidän olemassaolomme heijastuu kaikkeen ja kaikessa. Tämä tarkoittaa sitä, että jokin ”on” – lattia ”on”, seinä ”on”, mieli ”on” ja niin edelleen – se että jotakin ”on”, on ātmanin heijastusta. Jokainen kohde – olipa se sitten kuinka karkea tahansa – heijastaa meidän ”olemistamme”.

Voidakseen heijastaa meidän tietoisuutamme, aineen tulee olla hyvin hienosyistä. Karkeat elementit – kuten tila, tuuli, tuli, vesi ja maa tai niiden yhdistelmät, kuten pöytä, tuolit, rakennukset – ovat kyvyttömiä ilmentämään tietoisuutta. Ne voivat ilmentää ātmanin satolemusta (olemassaoloa), mutta eivät sen cit-olemuspuolta (tietoisuutta). Jokaisen aistivan olennon mieli kykenee ilmentämään tietoisuutta jossakin määrin – oli sitten kyse torakasta, linnusta, koirasta, valaasta tai ihmisestä. (Jopa kasvit, vaikka ne eivät voikaan liikkua, omaavat hermojärjestelmän, joka sallii niiden ilmentää hieman tietoisuutta.) Niinpä tietoisuus ilmenee mielessä – ei maailman karkeissa tunteettomissa kohteissa. Šrī Šaṅkarācārya ilmaisee tämän oivallisesti advaitaa käsittelevässä teoksessaan Ătmabodha:

sadā sarvagato'pyātmā
na sarvatra avabhāsate |
buddhāvevāvabhāseta
svacchesu pratibimbavat ||

Vaikka ātmā onkin kaikkialla läsnä oleva, se ei kuitenkaan loista kaikessa.
Se ilmenee vain mielessä, niin kuin heijastus jossakin puhtaassa.[44]

Mitä hienostuneempi mieli, sitä kirkkaammin tietoisuus loistaa siinä. Niinpä voimme käyttää ilmaisua kuten, "Hän omaa korkeamman tietoisuuden" tai "hän ylevöitti tietoisuutensa" tai "evoluution myötä olentojen tietoisuus kohoaa", mutta kaikki nämä ilmaisut "kehittyy" tai "kohoaa" ja niin edelleen eivät tarkoita tietoisuutta vaan mielen kykyä ilmentää kaikkialla läsnä olevan ātmānin tietoisuus-ulottuvuutta äärellisen ja paikallisen olennon välityksellä.

---

[44] Ătmabodha, 17

Siinä missä olemassaolo ilmenee luomakunnan kaikilla tasoilla ja siinä missä tietoisuus heijastuu vain sillä luomakunnan osa-alueella mitä kutsumme "mieleksi", autuus ilmenee vielä pienemmällä osa-alueella: tyynessä mielessä. Tästä johtuen näemme autuuden ilmenevän niin selkeästi Amman kaltaisissa mahātmoissa. Amman mieli on niin rauhallinen, että Itsen autuus säteilee siinä alati. Samalla tavoin, meidän mielemme tulee toisinaan hiljaiseksi ja rauhalliseksi, jolloin saamme kokea noina hetkinä autuutta. Voimme hiljentää mielemme tietyssä määrin meditaation aikana ja kokea ātmān heijastuksen mielessämme ilmenevänä autuutena. Syvässä unessa mieli vaipuu hiljaisuuteen, sen tähden tiedämme kaikki, että nukkuminen on autuaallisinta. Mieli voidaan hiljentää pintapuolisesti lääkkeitten avulla ja kun toteutamme halujamme, mutta kun niiden vaikutus menee ohi, mielestä tulee kiihtyneempi kuin mitä se oli ennen tällaista pintapuolista hiljentämistä. Niinpä moni joutuu tällä tavoin noidankehään tuhoten itseään ja perhettään elätellessään turhaa toivetta sen suhteen, että he voisivat saavuttaa näin sen, mikä on tosiasiassa heidän todellinen olemuksensa.

Siinä missä mielen kyky ilmentää autuaallista olemustamme riippuu mielentilastamme, perustavanlaatuinen autuus ilmenee lähes aina. Itse asiassa me pidämme sitä lähes itsestäänselvyytenä. Vasta sitten kun se katoaa tai vajoaa häviävän pienelle tasolle, me oivallamme menettäneemme sen. Amma sanoo usein, että "Me oivallamme, että meillä on pää, kun meille tulee päänsärky". Samalla tavoin me oivallamme kokevamme aina perustason heijastettua autuutta, kun tämä perustason heijastuma katoaa. Kliinisen masennuksen aikana ja kun luovutaan riippuvuutta synnyttävien huumeiden käytöstä, mieli voi joutua tällaiseen tilaan. Bṛhadāraṇyaka Upaniṣadit viittaa tähän perustason autuuteen: *etsyaivānandasyānyāni bhūtāni mātrām-upa-jīvanti* - "Toiset olennot elävät pienessä osasessa tästä autuudesta."[45]

Me koemme tämän totuuden aina uudelleen. Me koemme olevamme onnettomia jossakin tietyssä tilanteessa. Valitamme vasemmalle ja oikealle. Mitä sitten tapahtuu? Tilanne pahenee. Yhtäkkiä ajattelemme, "Antaisin mitä hyvänsä, jos saisin takaisin aiemman epäonneni kokemuksen".

---

[45] Bṛhadāraṇyaka Upaniṣad, 4.3.32

Tämä tarkoittaa, että meissä ilmenee aina jokin pieni määrä ānandaa, autuutta.

Tästä kertoo seuraava tarina. Pariskunta tulee gurun luo ja kertoo hänelle, että he riitelevät lähes aina ja ovat sen tähden onnettomia. Guru sanoo heille, että heidän tulee hankkia kolme koiraa ja että heidän tulee antaa niiden elää kanssaan samassa talossa.

”Mitä hyvänsä teettekin, älkää päästäkö niitä ulos”, hän sanoo. ”Tulkaa takaisin viikon kuluttua.

Pariskunta tekee näin.

”No, minkälaista on ollut?” guru kysyy.

”Kauheaa”, he sanovat. Koko talo haisee koiralle ja koiran ulosteelle.

Guru nyökkää ja sanoo:

”Hyvä on, hankkikaa kahdeksan kissaa. Älkää päästäkö niitä koskaan ulos. Tulkaa viikon kuluttua takaisin.”

Mies ja vaimo katsovat toisiaan epäröiden, mutta toteuttavat suunnitelman.

Seitsemän päivän kuluttua he palaavat.

”No”, tiedustelee guru.

”Tämä on yhtä painajaista!”, he sanovat. ”Koirat ajavat kissoja takaa, kissat sihisevät ja taistelevat keskenään. Koko talo haisee hirveältä.”

Guru nyökkää jälleen ja sanoo:

"Hyvä on. Hankkikaa nyt kymmenen hanhea. Pitäkää ne talossa sisällä. Tulkaa luokseni viikon kuluttua."

Pariskunta palaa viikon kuluttua. He näyttävät kauhistuttavilta. Vaimon kasvot ovat turvoksissa. Miehen käsivarsi on siteessä. Heidän vaatteensa ovat likaisia. Heistä näkee, että he eivät ole nukkuneet. Guru sanoo:

"No?"

Pariskunta purkautuu itkien: "Tämä on yhtä helvettiä. Höyheniä on kaikkialla! Kaksi hanhea on kuollut. Minä liukastuin hanhen ulosteeseen ja mursin käteni. Vaimoni näyttää olevan allerginen kissoille. Hän kykenee tuskin hengittämään. Koko talo on ällöttävässä kaaoksessa!"

Guru vastasi sanoen: "Hyvä on. Hankkiutukaa eroon kaikista eläimistä. Tulkaa tapaamaan minua viikon kuluttua."

Viikkoa myöhemmin pariskunta palasi. He pitivät toisiaan kädestä kiinni, hymyilivät ja säteilivät – avioliiton harmonian näkymä. He kumartuivat gurun jalkojen juureen ja ylistivät häntä hänen kyvystään tehdä ihmeitä.

Tarinan opetus on siinä, että tietty määrä onnellisuutta ilmenee mielessä, jopa "epäonnen" hetkinä. Jos haluamme mielen heijastavan enemmän autuutta, on olemassa vain yksi kestävä ratkaisu: meidän tulee tehdä siitä tyynempi meditaation avulla ja vähentämällä mieltymyksiämme ja vastenmielisyyden tunteitamme.

Muistan, kun ajoin kauan sitten Ammaa ja muita brahmacāreja pakettiautolla, jolloin vanhempi oppilas istui vierelläni katsellen Amman heijastuskuvaa peilin kautta. Hän sanoi viattomasti kuin lapsi: "Voin nähdä Amman kuvajaisen peilissä." Kun hän sanoi näin, Amma nauroi ja sanoi: "Voit nähdä Jumalan kaikkialla, kun mieli on puhdistettu kaikista epäpuhtauksista ja siitä on tehty kuin puhdas peili."

Amma paljasti totuuden. Mieli on kuin peili. Mitä enemmän puhdistamme mieltä, sitä kirkkaammin Todellisen Itsemme autuus heijastuu siinä, jolloin saamme kokea sen. Mitä enemmän jätämme tämän peilin huomiotta – antautuen itsekkyydelle, kielteisille ajatustottumuksille ja itsekurin puutteelle – sitä likaisempi peilistä tulee. Siitä huolimatta, olipa peili kuinka likainen tahansa, Itsen todellisuus säilyy samana. Se on saccidānandana – olemassaolo, tietoisuus ja autuus.

On olemassa tekniikka, jonka Amma on neuvonut monille ihmisille. Se auttaa meitä arvostamaan sitä, kun autuus ilmenee – joko omassa mielessämme tai toisten olentojen mielessä – että kyse on itse asiassa omasta heijastumastamme, oman todellisen Itsemme heijastumasta. Toisinaan ihmiset kertovat Ammalle, että he ovat surullisia, koska he haluaisivat viettää enemmän aikaa Amman lähellä. He näkevät toisten menevän darśaniin ja puhuvan Ammalle, jolloin he tuntevat itsensä kateellisiksi nähdessään toisten kokevan autuutta. Silloin Amma vastaa usein heille sanoen: ”Nähdessäsi toisen iloitsevan saadessaan olla Amman seurassa, silloin sinun tulisi nähdä tuo toinen itsenäsi.”

Minusta tuntuu, että moni ottaa tämän ohjeen kevyesti vastaan ajatellen, että Amma vain lepyttää heitä. Itse asiassa Amma vihkii heidät siten syvälliseen advaitiseen harjoitukseen – jossa me muistutamme itseämme siitä, että – Todellinen Itse on kaiken luomakunnassa koettavan autuuden lähde ja että koettiinpa autuutta sitten missä päin tahansa maailmaa, kyse on omasta heijastumastamme.

Ymmärtäessämme nämä Itsen kolme heijastumaa, silloin alamme ymmärtämään, että Itse on kaiken läpäisevä – katsoessamme mitä tahansa, siellä me olemme. Nähdessämme jonkun hymyilevän tai nauravan, meidän tulisi ymmärtää:

"Autuus, joka loistaa hänessä on heijastus minusta, Todellisesta Itsestä." Nähdessämme toisen elävän olennon, meidän tulisi ymmärtää: "Siinä missä minä olen tietoinen, tuokin ilmentää tietoisuutta; tuo tietoisuus heijastaa minua, Todellista Itseäni". Nähdessämme mitä hyvänsä: "Se oleminen, joka ylläpitää tuota kohdetta – se on heijastusta minusta, Todellisesta Itsestä." Vedantisesta tekstistä löytyy säe, joka ilmaisee kauniisti tätä perimäistä oivallusta:

asti bhāti priyaṁ rūpaṁ
nāma-cetyaṁśa-pañcakam |
ādya-trayaṁ brahma-rūpaṁ
jagad-rūpaṁ tato dvayam ||

Olemassaolo, tietoisuus, autuus, muoto ja nimi –
nämä ovat viisi osaa. Kolme ensimmäistä ilmentää
Brahmanin olemusta, ja kaksi muuta ilmentävät maailman olemusta.[46]

Tässä jakeessa käytetyt käsitteet ovat hieman erilaisia kuin mitä me olemme käyttäneet. Tässä olemassaoloon viitataan sanalla asti, tietoisuudesta käytetään käsitettä bhāti ja autuudesta

[46] Dṛg-Dṛśya Viveka, 20.

käsitettä priyam. Nuo kolme – missä hyvänsä ne näenkään – kuuluvat minuun – Brahmaniin, Todelliseen Itseen. Kaksi jäljelle jäänyttä asiaa, jotka koemme ovat nimi ja muoto, jotka kuuluvat maailmaan.

Niinpä Amman ja pyhien kirjoitusten mukaan näemme kaikkialla vain oman Itsemme. Vedāntisen näkemyksen mukaan, meidän ajattelumme tulisi hiljalleen muuttua tällaiseksi: ”Joissakin paikoissa, kuten puunpalasessa tai rakennuksissa, minä näen olemassaolon. Toisaalla, kuten linnuissa, eläimissä ja ihmisissä, minä näen olemassaolon ja tietoisuuden. Ja toisaalla – kuten vitsille nauravassa ihmisessä tai autuaallisesti laulavassa linnussa tai iloissaan häntäänsä heiluttavassa koirassa – minä näen olemassaolon, tietoisuuden ja autuuden. Riippumatta siitä, missä ja milloin ja missä määrin minä mietiskelen tähän tapaan, minä en ole pohdintani. Annettakoon mietiskelyn tulla ja mennä, minä olen ikuinen alkulähde, joka ei koskaan tule eikä mene – olen itsevalaiseva subjekti, joka mietiskelee moninaisuutta loputtomissa nimissä ja muodoissa.” Tämä on Amman oivallus, johon hän haluaa meidät kohottaa.

Muistan kun Amma paljasti tämän oivalluksensa. Se tapahtui kysymys-vastaus-osion aikana Seattlessa. Oppilas sanoi Ammalle:

"Amma, kun katson sinun silmiisi, minusta tuntuu kuin näkisin koko maailmankaikkeuden niissä." Sitten hän kysyi, minkä tähden Amman silmät olivat niin kauniit ja että oliko Amma koskaan mietiskellyt omien silmiensä kauneutta. Amma vastasi sanoen:

"Amma näkee omat silmänsä lastensa silmien kautta."

Tämä lausunto on itse asiassa aivan kuin sūtra. Lyhyydestään huolimatta se paljastaa henkisyyden koko laajuuden. Amma sanoi, että vaikka onkin totta, että hän ei voi nähdä fyysisesti omia silmiään – sillä niin kuin olemme usein sanoneet näkijä ei voi olla nähty – siitä huolimatta Amma tietää korkeimmassa viisaudessaan, että yksin hän ilmenee luomakunnan eri ulottuvuuksissa. Näkijä ei voi olla nähty, mutta nähty on heijastuma näkijästä.

Oivaltaessamme tämän saavutamme todellisen ykseyden. Tämän oivalluksen avulla tiedämme, että me olemme jokaisen vuoren, järven, joen ja valtameren, jokaisen tähden, tuulen ja jopa avaruuden ydinolemus. Tämän oivalluksen avulla ymmärrämme, niin kuin Amma sanoo:

"Itse minussa on sinä, sinä sinussa on minä." Tämän oivalluksen avulla tiedämme, että jokainen nauru ja hymy ilmentää oman Todellisen Itsemme autuutta.

Yksin tämä oivallus tekee meistä lopulta vapaita. Sillä oivaltaessamme, että ei ole olemassa mitään muuta kuin me ja meidän heijastumamme, miten voisi enää olla tilaa pelolle elämässä? Ketä me voisimme enää vihata tai pelätä? Mitä voisimme enää etsiä tai minkä perässä voisimme enää juosta? Me olemme ymmärtäneet, että kaikki on meitä ja yksin meitä. Silloin ymmärrämme, että kaikki Upaniṣadien toteamukset Brahmanista tai ātmānista tai 'Siitä' ei puhu mistään kaukaisesta tai tuntemattomasta asiasta vaan meistä.

Tuli on Se, aurinko on Se, tuuli on Se ja myös
kuu on Se!
Kirkas on Se, Brahman on Se, vesistö on Se
ja Prajāpati
on Se! Sinä olet nainen, sinä olet mies, sinä
olet poika tai tyttö.
Vanhana miehenä sinä kuljet ympäriinsä
kävelykepin kanssa.
Synnyttyäsi sinä käännät kasvosi kaikkiin
suuntiin. Sinä olet

> tummansininen lintu, vihreän värinen, jolla on punaiset silmät,
> sadepilvi, vuodenajat ja valtameri. Sinä elät vailla alkua, sillä
> läpäiset kaiken, sinä, josta kaikki olennot ovat syntyneet.[47]

Alun pitäen me erottelimme dṛg-dṛśya vivekan avulla kaiken sen pois 'ei minuna', jonka me koemme. Maailma kaikkine kohteineen on koettu kohde. Tämä keho ja sen toimintaelimet ja tietoa vastaanottavat aistit ovat myös meidän kokemuksiamme, sen tähden ne eivät ole minä. Kehon energia ei sekään ole minä. Kuten eivät myöskään ajatukseni, tunteeni, ideani, mielipiteeni, jotka ovat kokemuksia siitä, että minä olen ajattelija, toiminnan suorittaja tai kokija, jopa onnen ja rauhan kokija. Koska olen tietoinen tästä kaikesta, näistä ilmiöistä, ne ovat kaikki kohteita eikä mikään niistä voi olla minä. Nyt me ymmärrämme: "Koska kaikki nämä ovat kohteita eivätkä siten alkuperäinen minä, ne ovat silti samaan aikaan minun heijastumiani. Minä olen saccidānanda – olemassaolo-tietoisuus-autuus, joka läpäisee kaiken. Siten kaikki mikä on, riippumatta missä todellisuuden ulottuvuudessa

[47] Śvetāśvatara Upaniṣad, 4.2-4.

ne ilmenevät, ovat yksin minua – ääretön määrä minun ilmentymiäni.

Tämä on lopullinen tieto[48] – elämän näkemys, jossa Amma on ikuisesti – ekstaasi, jossa näemme oman ikuisen, autuaallisen Itsen heijastuneena kaikkialla:

mayyeva sakalaṁ jātaṁ mayi sarvaṁ pratiṣṭhitam |
mayi sarvaṁ layaṁ yāti tad-brahmādvayam-asmyaham ||

Yksin minusta kaikki on syntynyt. Minussa kaikkea ylläpidetään.
Minuun kaikki jälleen palaa. Minä olen se ääretön tietoisuus, jota ilman mitään ei ole olemassa.[49]

---

48 Tämän voisi myös ilmaista sanoen, että tämä on lopullinen tietoisuus. – Kääntäjän kommentti.

49 Kaivalya Upaniṣad 19.

7

Elävä vedănta

”Valaistuminen on minulle kuin maapähkinät.” Tällä tavoin Amma sanoo toisinaan. Kuullessamme sen ensi kertaa olimme kauhistuneita. Kuinka se mikä on kaikkein arvokkain asia koko luomakunnassa – elämän todellinen päämäärä – olla Amman silmissä jotakin, jonka voit hankkia Intiassa kadunkulmassa 20 rupialla?

Tämä on itse asiassa Amman tapa sanoa, että hänelle, Jumalalle maailman todellinen jumalallinen olemus – meidän kaikkien perimmäinen ykseys – on niin itsestään selvää, että se on täysin arkipäiväistä. Se on samanlaista kuin tieto siitä, että ”aurinko on keltainen” tai ”vesi on märkää”. Sen lisäksi, kun Amma sanoo, että ”Valaistuminen on minulle kuin maapähkinät”, hän samalla osoittaa meille opetuksensa yksinkertaisuuden. Niin kuin olemme nähneet pitkin tätä kirjaa, advaitan opetus ei itsessään ole monimutkaista. Se on ihmeellistä ja alkuvaiheessa siihen liittyvät tekijät voivat tuntua intuition vastaisilta, silti se on sellaista, jonka suurin osa ihmisistä kykenee ymmärtämään. Sinä et ole keho etkä mieli. Sinä et voi olla ne, koska voit tarkkailla niitä. Niinpä olet kohteista täysin vapaa tarkkailija-tietoisuus. Tuon tuntemattoman 'sinun' olemus on, että se on yhtä luomakunnan ikuisen perustan kanssa. Koko luomakunta nousee siitä, ylläpitää sitä ja palaa takaisin siihen luomisjakson päättyessä. Missä hyvänsä koetaankaan olemassaoloa, tietoisuutta tai autuutta – kyse on sinusta joka heijastuu luomakuntaan, joka nousee sinusta niin kuin kangastus. Tämä tieto on itsessään – niin hurjalta kuin se saattaakin kuulostaa – hyvin yksinkertaista. Ammalle se on kuin maapähkinät.

Itse-oivallus on arvokasta, siitä ei ole epäilystäkään. Mutta todellinen arvo – sekä meille että maailmalle – tulee siitä, kun kykenemme sisäistämään tämän tiedon kokonaan, kun se läpäisee meidän alitajuntamme ja heijastuu toimintaamme. Niinpä Amma onkin aina painottanut jṅāna-niṣṭhaa, eikä pelkästään jṅānamia. Ammalle jṅānamilla on vain rajallinen arvo ilman niṣṭhaa. Se on kuin kuulisi vitsin, mutta nauraisi sille.

Niṣṭhā on tila, missä tiedosta on tullut vakaata, horjumatonta ja kiinteää. Ihmisestä tulee niṣṭhā kun tieto ei ole meissä vain pintatasolla vaan se läpäisee alitajuntamme. Kun näin tapahtuu, ajatuksemme, puheemme ja tekomme ovat aina sopusoinnussa vedāntisen tiedon kanssa. Juuri se tekee Ammasta niin erityisen. Lukemattomat ihmiset ovat ymmärtäneet vedāntan ja hyötyneesti suuresti sen opetuksista, mutta se missä määrin Amma on yhtä tuon opetuksen kanssa ja missä määrin se heijastuu hänen jokaisessa ajatuksessaan, puheessaan ja teoissaan on ennennäkemätöntä henkisyyden aikakirjoissa.

Amman mukaan on olemassa kaksi ominaisuutta, jotka liittyvät jṅāna-niṣṭhaan: mielentyyneys ja myötätuntoisuus. Ilmeneekö meidän tietämyksemme sen suhteen, että emme ole keho emmekä mieli kohdatessamme onnea ja epäonnea? Tai kun meitä ylistetään tai arvostellaan? Ilmeneekö tietoisuus siitä, että olemme yhtä kaikkien olentojen kanssa, ystävällisenä ja myötätuntoisena palveluksena heille? Tätä Amma kutsuu ”Eläväksi vedāntaksi”. Ja tämä on Amman elämän keskeinen sanoma. Tälle hän antaa arvoa.

Seuraava on esimerkki siitä, miten Amma tuo jatkuvasti esille sen, että kun ātmā-jṅānaṁ on oikealla tavalla sisäistetty, sen tulisi ilmetä myötätuntona toisia kohtaan. Amma sanoo: ”Sanokaamme, että vasen kätemme on haavoittunut. Sanooko oikea käsi silloin, että ’Ai, sehän on vasen käsi, sillä ei ole mitään tekemistä minun kanssani?' Ei, oikea käsi koskettaa ja silittää heti vasenta kättä ja laittaa siihen lääkettä, jos sille on tarvetta. Tämä johtuu siitä, että se ei koe vasenta kättä itsestään erillisenä. Jos omaamme todellista henkistä ymmärryskykyä, tällä tavoin me reagoimme kaikkien olentojen kärsimykseen."

Amman koko elämä ilmentää tätä periaatetta toiminnan tasolla. Muutamia vuosia sitten lehtimies sanoi Ammalle: "Sinä käytät niin paljon aikaa, päivin ja öin, toisten auttamiseen, pyyhkien heidän kyyneleensä ja vastaten heidän kysymyksiinsä. Entä sinä itse? Etkö varaa aikaa itsellesi?" Amman vastaus oli koskettava: "En näe minkäänlaista eroa. Heidän aikansa on minun aikaani."

Tällä tavoin Amman kaltainen todellinen ātmā-jṅāni näkee asiat. Kṛṣṇa ilmaisee saman näkemyksen Gītāssa sanoessaan:

ātmaupamyena sarvatra samaṁ paśyati jo'rjuna |
sukhaṁ vā yadi vā duḥkhaṁ sa yogī paramo mataḥ ||

Oi Arjuna, hän joka näkee onnen ja surun kaikkialla (kaikissa olennoissa)

samalla tavoin kuin hän näkee sen itsessään,
sitä joogia pidetään korkeimpana.[50]

Mitä taas tulee siihen, miten ātmā-jṅānaṁin oikeanlainen soveltaminen johtaa tasapuolisuuteen, Amma antaa siitä esimerkin. Yleensä kun onnettomuus kohtaa toisia, me olemme tyyniä. Amma sanoo, että jos olemme sisäistäneet Itse-tiedon, osoitamme samalla tavoin tyyneyttä, kun vaikeudet osuvat omalle kohdallemme. Hän sanoo, että kun naapurimme menettää rakkaan tai joutuu kokemaan vaikeuksia, kykenemme antamaan heille vedāntisen neuvon. Mutta jos onnettomuus kohtaa meitä, huomaamme itkevämme. Kun todella sisäistämme sen, että tietoisuus on meidän todellinen olemuksemme, silloin samastumme tarkkailijaan. Silloin me suhtaudumme kaikkeen siihen, mitä keho-mieli-kokonaisuudelle tapahtuu samanlaisella takertumattomuudella kuin jos se tapahtuisi jollekin toiselle. Amma sanoo: ”Olla tarkkailija tarkoittaa, että omaamme asenteen, että mikään ei ole meidän omaamme. Näin on silloin, kun näemme sekä hyvän että huonon ilman ennakkoajatuksia, samastuen puhtaaseen tietoisuuteen, jolloin tekomme ja

[50] Bhagavad-Gītā, 6.32.

niiden seurausvaikutukset eivät voi sitoa meitä. Tarkkailevan tietoisuuden kulminaatiopiste saavutetaan silloin, kun mielestämme tulee niin kuin peili. Peili ei sano koskaan: 'Onpa kaunis!' tai 'Hyi! Kuinka vastenmielinen. Niin ruma!' Se vain heijastaa hiljaisesti kaiken, mitä sen eteen tulee."

Kerran āśramin asukas kysyi Ammalta mitä hyötyä on sen totuuden oivaltamisesta, että "minä olen tietoisuus"? Hetken päästä Amma ryhtyi kertomaan hänelle erilaisista virheistä, joita toinen āśramin asukas oli tehnyt. Hän kuunteli tarkkaavaisena, kun Amma luetteli tämän henkilön tekemiä virheitä, ollen samaa mieltä, kun hän puhui ja jopa hymyillen. Yhtäkkiä Amma keskeytti puheensa ja sanoi:

"Tiedäthän, etten puhu jostakusta toisesta – eikö niin? Puhun sinusta. Ihmiset kertoivat minulle, että sinä toimit tällä tavoin."

Hymy katosi välittömästi hänen kasvoiltaan. Silloin Amma sanoi:

"Näethän nyt mikä arvo liittyy siihen, että voi olla pelkkä tarkkailija? Ajatellessasi, että joku toinen oli tehnyt nämä virheet, sanani eivät häirinneet sinua. Sinä saatoit olla tarkkailija ja hymyillä kaikelle. Mutta oivaltaessasi, että sinua syytettiin, sinun iloisuutesi katosi.

Tarkkailijan tila tarkoittaa sitä, että kykenee astumaan askeleen taaksepäin ja katsomaan kaikkea hymyillen, takertumatta mihinkään tilanteeseen tai omaksumatta omistamisen asennetta."

Niinpä Amma sanoo, että kun olemme vihaisia jollekulle, meidän tulisi pyrkiä ajattelemaan, 'minä en ole keho, minä olen puhdas tietoisuus. Minä en ole sitä mitä tuo toinen sanoo minun olevan, joten miksi minun tulisi olla vihainen? Hänkään ei ole keho vaan puhdas tietoisuus. Joten kenelle minä olen vihainen?"

Tässä Itsen tieto astuu kuvaan – kun emme ainoastaan ymmärrä, että minä en ole keho-mieli-kokonaisuus, vaan kun kykenemme olemaan tässä tietoisuudessa myös vaikeuksien hetkellä emmekä reagoi, kun keho-mieli-kokonaisuutta arvostellaan. Samalla tavoin, Itse-tietoisuuden arvo ilmenee silloin, kun ymmärrämme ykseytemme kaikkien olentojen kanssa, ei ainoastaan älyllisesti vaan kun rakastamme ja palvelemme samalla tavoin kuin rakastaisimme ja palvelisimme itseämme.

Vuoden 2004 Intian valtameren tsunamin jälkeen koko āśraṁ ja sitä ympäröivät kylät olivat täysin veden vallassa. Amma oli koko päivän lantiota myöten tulvavedessä evakuoiden ihmisiä –āśraṁin asukkaita, vierailijoita ja kyläläisiä. Hän oli illalla viimeinen, joka ylitti takavedet mantereelle. Kysyin tuolloin Ammalta miten hän voi. Amma sanoi:

"Tapahtui sitten ulkopuolella mitä tahansa, olen aina tyyni sisäisesti."

Tämä on merkki jñāna-niṣṭhāsta – sisäisestä tyyneydestä, joka ilmenee myös kohdatessamme tsunamin.

Samalla tavoin āśramin varhaisina päivinä mies nimeltä Dattan, joka oli spitaalinen, saapui darśaniin. Amma puhdisti hänen haavansa paljain käsin ja kielellään, imien toisinaan jopa visvan hänen avohaavoistaan. Kysyin tuolloin myös Ammalta:

"Amma, miten voit tehdä noin? Etkö tunne vastenmielisyyttä?"

Amma sanoi: "Poikani, tunnetko vastenmielisyyttä huolehtiessasi haavasta omassa käsivarressasi? En näe hänen ruumistaan millään tavoin itsestäni erillisenä."

Tuollainen lempeä, myötätuntoinen palvelu heille, jotka sitä tarvitsevat, ilman että välittää itsestään – sellainen on jñāna-niṣṭhaa.

Toisin kuin tavalliset ihmiset, avatāra valitsee oman elämänsä olosuhteet: Minne hän syntyy, missä hän tulee asumaan, mitä hän tulee tekemään ja niin edelleen. Ja päättäen opettaa tätä: "Elävää vedāntaa". Amma on luonut täydelliset olosuhteet darśaniaan varten.

Ilmentääkseen tätä eräs brahmacāri jakoi seuraavan mielikuvitustarinan Ammasta. Hän sanoi, että on kuin Devī olisi istunut ennen tätä syntymäänsä taivaassa ja hän olisi ryhtynyt miettimään tulevaa elämäänsä maan päällä. Hän olisi kysynyt taivaallisilta kumppaneiltaan – śakteiltaan – "Minne minun tulisi syntyä?" Ja ajatellen mukavaa lomaa hänen seurassaan he olisivat sanoneet: "Hmm... Keralaan! Se on niin kaunis. Se on Jumalan oma maa!"

Ja Devī olisi sanonut: "Olkoon niin."

Sitten Devī olisi kysynyt: "Kenelle minun tulisi syntyä?"

Ja sitten śaktit olisivat sanoneet: "Sen tulisi olla jokin syrjäinen paikka, jossa liian monet ihmiset eivät tulisi häiritsemään meitä." Sitten he olisivat sanoneet: "Siellä on dharminen pariskunta, joka asuu Arabian valtameren ja takavesien välissä. He ovat hyvin hurskaita" (He eivät maininneet, että siellä ei ole siltaa!)

Jälleen Devī sanoi: "Olkoon niin!"

Seuraavaksi Devī kysyi: "Mutta mitä minä teen siellä?"

Ja śaktit sanoivat: ”Sinä voit kertoa ihmisille dharmasta ja opettaa heitä heidän jumalallisesta olemuksestaan.”

”Olkoon niin”, sanoi Devī. ”Mutta kuinka minun tulee opettaa heitä?”

Ja kaikki śaktit vaikenivat. Sillä kuinka puhua totuudesta – joka on sanojen ja mielen tuolla puolen, josta ei voi tehdä kohdetta – joka on ihme. Mutta lopulta yksi śakteista – joka oli tunnettu humoristin luonteestaan – laski leikkiä sanoen:

”Ehkäpä voit vain syleillä heitä.”

Toiset śaktit olivat hämmentyneitä.

”Halata heitä?”

Humoristinen śakti nauroi ja sanoi: ”Niin, tiedättehän, niin kuin sulauttaisi jīvātmān ja paramātmānin toisiinsa.”

Se oli tarkoitettu vitsiksi, mutta Devīn silmät kirkastuivat.

”Kyllä, kyllä! Minä syleilen heitä.”

Śaktit hermostuivat hieman. Jokin Devīn katseessa...

Devī sanoi: ”Aluksi heitä tulee olemaan vain muutamia. Ja minä kuuntelen, kun he kertovat vaikeuksistaan ja pyyhin heidän kyyneleensä ja syleilen heitä ja teen kaiken minkä voin heidän eteensä. Ja tästä ihmiset tulevat ymmärtämään, että on mahdollista välittää toisista yhtä paljon kuin omasta itsestäsi. Mutta sitten heitä tulee enemmän, satoja ja minä tulen halaamaan myös heitä ja osoittamaan heillekin myötätuntoa.”

Šaktit hermostuivat yhä enemmän. He eivät pitäneet tästä lainkaan. Mutta Devī innostui yhä enemmän.

”Ja sitten heitä tulee olemaan tuhansia, ja minä halaan heitä ja osoitan heille rakkautta ja myötätuntoa. Ja ihmiset tulevat ajattelemaan: ¨Kuinka hän kykenee tekemään noin? Se vie tunteja ja tunteja. Eikä hän lopeta mistään syystä! Hän ei ota itselleen lainkaan aikaa! Hänen koko elämänsä on vain näiden ihmisten kyynelten kuivaamista ja heidän lohduttamistaan! Eikö hän tarvitse lepoa? Miten hän kestää tuon? Miten hän kykenee jatkuvasti vain hymyilemään?’

”Enkä minä lopeta. Ja sitten kymmenistä tuhansista tulee miljoonia. Ja jotkut heistä tulevat heittämään kukkasia ja toiset kiviä, mutta minä tulen rakastamaan heitä samalla tavoin. Minä osoitan kaikille myötätuntoa, jota he kaipaavat niin kiihkeästi. Ja jotkut heistä tulevat pilkkaamaan ja haukkumaan minua. Jotkut pettävät minut, mutta minä tulen silti osoittamaan heille vain rakkautta.”

"Ja sitten tulee kymmeniä miljoonia. Eikä kukaan usko sitä todeksi. He tulevat sanomaan: 'Kuinka hän kykenee toimimaan tuolla tavoin? Hänen kehonsa täytyy olla murtumisen partaalla!' Ja se keho, jonka omaksun, tulee murtumaan. Mutta tulen silti hymyilemään. Minä tulen kannustamaan heitä menestyksen hetkellä ja kuivaamaan heidän kyyneleensä surun hetkellä. Minä näytän heille – minä näytän koko maailmalle – mitä vedānta todella on. Mitä se todella tarkoittaa ja miltä se näyttää, kun joku tietää, että he ovat Jumala ja että koko maailmakaikkeus on heidän lapsiaan."

Ja sitten śaktit sanoivat: "Ole hyvä, Devī, äläkä tee tuota! Tiedätkö kuinka kivuliasta se tulee olemaan? Ihmiset ovat niin tietämättömiä. He tulevat haluamaan vain lisää ja lisää sinulta. He eivät tule antamaan sinun levätä koskaan, ongelmiensa, vaikeuksiensa ja kysymystensä ja kirjeittensä takia. Ja vaikka opetatkin heitä ja osoitat heille totuuden, suurin osa heistä ei tule edes ymmärtämään! Me emme tule kestämään sen kuulemista! Emme halua nähdä sinua tuollaisessa tuskassa."

Vaikka he sanoivatkin näin, Devīn kirkkaan punainen sāri oli alkanut jo vaihtumaan valkoiseksi. Devīn pitkät, tummat hiukset olivat alkaneet kerääntymään nutturalle. Ja sen jälkeen Devīn hoikka keho muuttui pyöreäksi, sopivaksi halaamista ajatellen.

Ja Devī kuuli śaktien sanovan:

"Oi Devī, tämä suunnitelmasi on enemmän kuin mitä kestämme – liian ihmeellinen. Ole hyvä, äläkä toteuta sitä!"

Ja Devī sanoi: "Ei, se on täydellinen. Juuri tällä tavoin haluan toteuttaa sen."

Ymmärrettyämme vedāntisen opetuksen velvollisuutemme on soveltaa opetus käytäntöön niin paljon kuin vain mahdollista. Se mittakaava missä Amma elää todeksi vedāntaa saattaa olla mahdotonta meille. Meidän tulisi silti pitää hänen täydellisyyttään tähtenä, jota kohden suuntaamme elämämme matkan. Tämä tarkoittaa sitä, että meidän tulisi ymmärtää millä tavoin Amman jumalalliset ominaisuudet ilmentävät vedāntisia opetuksia. Arvostaen sitä meidän tulee pysyttäytyä tietoisuudessamme ja pyrkiä jäljittelemään sitä. Meidän tulee jäljitellä Amman kärsivällisyyttä, itsensä hallintaa, hänen myötätuntoaan, hänen takertumattomuuttaan niiden vaikeuksien edessä, joita hän kohtaa ja hänen kehonsa kärsimyksen edessä, hänen vapauttaan mieltymyksen ja vastenmielisyyden tunteista. Sitä valmiutta uhrata itsensä toisten hyväksi ja kiirehtiä auttamaan heitä. Tätä kaikkea. Niin kuin Śaṅkarācārya sanoo Bhagavad-Gītān kommentaarinsa toisessa luvussa:

"Sillä kaikissa henkisissä kirjoituksissa tuodaan esille se, että valaistuneen henkilön luonteenpiirteet ovat itsessään henkisiä harjoituksia henkisille oppilaille."[51]

Nämä ponnistuksemme, liitettyinä ymmärrykseemme vedāntasta vievät meidät asteittain jñānamista jñāna-niṣṭhāan (tiedolliselta tasolta toteutukseen). Perimmäisestä näkökulmasta katsottuna myös mieli on māyaa (harhaa). Tämä tarkoittaa, että jos me emme ole mieli, välitämmekö me siitä, jos se kärsii? Muutamat korkean tason vedāntiset tekstit omaksuvat tämän asenteen. Perimmältään ne ovat oikeassa. Mieli ailahtelee aina tietyssä määrin. Se on ainetta siinä missä kehokin. Vaikka olemmekin saavuttaneet vedāntisen tiedon, se ei tarkoita, etteikö käsivarteemme tulisi mustelmaa, jos joku lyö sitä. Samalla tavoin tunteet ovat mielelle luonteenominaisia. Jossakin määrin niitä tulee olemaan. Vapautuminen ei lopulta ole mielen hallintaa vaan ymmärrystä siitä, että "Minä en

[51] Bhagavad-Gītā, 2:55: sarvatra eva hi adhyātma-śāstre kṛtārtha-lakṣaṇāni yāni tāni eva sādhānani upadiśyante yatna-sādhyātvāt.

ole mieli". Me emme ole avatāroja niin kuin Amma. Hänen niṣṭhān tasonsa tulisi opastaa meitä eteenpäin, mutta saattaa mennä vuosituhansia ennen kuin maailma näkee jälleen mielen, joka ilmaisee niṣṭhaa samassa määrin uudelleen. Siitä huolimatta meidän dharmamme on pyrkiä edistämään ja harjoittamaan mieltämme – pyrkien saattamaan sen sopusointuun vedāntisen tiedon kanssa. Samaan aikaan meidän ei tulisi koskaan unohtaa, että "Riippumatta mieleni tilasta, mielellä ja sen ajatuksilla ja tunteilla ei ole vaikutusta minuun, tarkkailija-tietoisuuteen."

Tähän ei sisälly ristiriitaa. Ymmärtäkäämme, että me emme ole mieli, mutta pyrkikäämme silti alati kehittämään mieltämme. Koska ymmärrämme advaita-vedāntaa, se ei tarkoita, että luopuisimme mielen itsekuriharjoituksista. Meidän tulisi käyttää aikaa päivittäin harjoittaaksemme meditaatiota, arcanaa (tuhannen mantran resitaatiota), toistaa mantraa, tehdä sevaa (epäitsekästä työtä). Sillä vaikka advaitan perimmäinen opetus onkin siinä, että "Minä en ole mieli vaan olemassalo-tietoisuus-autuus", jos haluamme nauttia tuosta autuudesta – jos haluamme maistaa advaita-makarandaa, ei-kaksinaisuuden hunajaa, joka me olemme – silloin on olemassa vain yksi tapa tehdä niin: sen avulla miten se heijastuu mieleemme. Sen tähden meidän ei tule lopettaa pyrkimystämme tehdä mielestämme hienosyisempi ja ylläpitääksemme sitä, siitäkin huolimatta, että me emme lopulta ole mieli emmekä se, mikä heijastuu siihen. Kyse on siitä, että ymmärrettyämme advaitan perimmäisen opetuksen, josta guru ja pyhät kirjoitukset kertovat, emme tee näitä asioita saavuttaaksemme vapautuksen. Ajattelumme seuraa linjaa: "Minä olen vapaa. Olen aina ollut ja aina tulen olemaan. Mutta tällä mielellä on erilaisia ongelmia. Työskentelen korjatakseni ne. Sillä ei ole mitään tekemistä todellisen olemukseni kanssa. Olkoon tämä siitä huolimatta elämänpituinen hanke – että teen tästä mielestä niin hyvän ja hienostuneen, niin että se on tasapainossa muun luomakunnan kanssa. Tällä tavoin voin olla ystävällisempi ja rakkaudellisempi. Tällä tavalla se rakkaus, joka on sisälläni, ei ole kuin 'hunajaa kallion sisällä' niin kuin Amma sanoo, vaan sitä voidaan vapaasti jakaa kaikille."

Vedānta painottaa tässä nididhyāsanamin merkitystä. Ensin me kuuntelemme ja opimme vedāntaa gurulta – śravaṇam. Sitten poistamme epäilyksemme mietiskelemällä ja esittämällä kysymyksiä: mananam. Ja sitten kun tietoisuutemme on ehjä ja selkeä, jos haluamme saavuttaa niṣṭhān tilan – jos haluamme tuon tiedon läpäisevän mielemme niin kuin Amman kohdalla tapahtuu – silloin meidän tulee tietoisesti oleskella tuossa tiedossa. Tätä kutsutaan nidhidhyāsanamiksi. Tieto, joka ei ole vielä läpäissyt alitajuntaa, ei eroa paljoakaan tiedosta, joka on edelleen kirjassa.

Amma sanoo: "Saatamme kuulla lukemattomia kertoja, että me emme ole keho, mieli emmekä äly – että olemme autuuden ruumiillistuma. Mutta me unohdamme tämän kohdatessamme jopa arkipäiväisiä ongelmia. Jatkuva harjoitus on sen tähden tarpeen, jos haluamme olla voimakkaita kohdatessamme vaikeuksia. Meidän tulee alati kouluttaa mieltä tässä tietoisuudessa. Mieli tulee kouluttaa työntämään vaikeudet syrjään polultamme, sillä vakaumuksella että me emme ole lampaita vaan leijonan pentuja." Tässä Amma viittaa nididhyāsanamiin.

Yhdysvalloissa oli 1960-luvulla suosittu TV-ohjelma nimeltä Andy Griffith Show. Se keskittyi pienen kaupungin maaseutusheriffin ympärille ja hänen itsekeskeiseen ja äkkipikaiseen varamieheensä, jota näytteli Don Knotts. Yhdessä osassa varamies ryhtyi opiskelemaan judoa. Hän kysyi sheriffiltä – joka oli häntä paljon isokokoisempi – jos hän voisi näyttää tälle muutamia liikkeitä. Hän kehotti sheriffiä tulemaan häntä kohden. Ongelma oli siinä, että varamies kykeni muistamaan ja toistamaan vastaliikkeet vain, jos sheriffi tuli hänen kimppuunsa hidastetusti ja samalla tavoin kuin kirjassa oli esitetty. Jos sheriffi ryntäisi hänen kimppuunsa täydellä vauhdilla tai eri tavalla kuin mitä kirjassa oli esitetty, varamies päätyi väistämättä hänen alleen maahan. Aivan samalla tavoin kuin judosta on hyötyä vain, jos se läpäisee meidän alitajuntamme, sama pätee myös vedāntaan. Juuri tätä on niṣṭhā. Silloin sen todellinen arvo paljastuu. Joku saattaa teknisesti tuntea judoliikkeitä, mutta jos hän ei ole harjoittanut niitä tarpeeksi, silloin oikeat liikkeet eivät ole hänen käytettävissään. Samalla tavoin, ennen kuin siitä tulee olennainen osa sitä, miten me ajattelemme, toimimme ja puhumme, meidän tulee ”harjoittaa vedāntaa.”

Amma valittaa usein sanoen: ”Ihmiset haluavat alennusta. Niinpä minä annan alennusta. Mutta halutessasi liikaa alennusta, taso laskee.” Mitä Amma tarkoittaa on, että hän ei koskaan pakota meitä. Jos emme halua harjoittaa meditaatiosta, arcanaa, sevaa ja niin edelleen, Amma ei torju meitä. Hän ei heitä meitä ulos darśan-jonosta. Hän jatkaa rakkauden ja myötätunnon osoittamista meille. Hän sallii meille tämän "alennuksen". Mutta kuka menettää tämän alennuksen tähden? Hedelmän laatu, jonka saamme henkisestä ymmärryksestämme, sen me menetämme; sen laatu heikkenee suhteessa alennukseemme.

Mielemme kaipaa tietyn määrän hienostuneisuutta, jotta vedāntinen tieto kantaisi hedelmää. Sen tähden perinteisesti on sanottu, että ennen kuin edetään vedāntaan tulisi kehittää itsessään tietty määrä sādhana-catuṣtaya saṁpattia – kirjaimellisesti omaisuutta, joka kertyy neljästä eri henkisestä harjoituksesta.[52] Sen tähden tarvitsemme erottelukykyä, takertumattomuutta ja janoa päämäärän suhteen. Me tarvitsemme sekä mielen että aistien hallintaa. Tarvitsemme rauhallisen mielen, joka kykenee

[52] Itse asiassa niin kuin aiemmin on tuotu esille, "neljä" henkistä harjoitusta tarkoittaa itse asiassa "yhdeksää", sillä yksi neljästä pitää sisällään kuusi asiaa. Niinpä viveka, vairāgya, mumukṣutvaṁ ja śāmādi-ṣatka saṁpattiḥ (śama, dama, uparana, titikṣā, śraddhā ja samādhāna) – erottelukyky, intohimottomuus, halu saavuttaa vapautus ja kuusi vaihetta sisältävä omaisuus, joka alkaa itsekurilla: mielen itsekuri, aistien hallinta, sisäänpäin kääntyminen, kestävyys, usko ja keskittyneisyys. Näistä ei tule koskaan luopua.

keskittymään. Tarvitsemme tietyn määrän sisäänpäin kääntyneisyyttä ja uskoa gurun ja pyhien tekstien opetuksiin. Itse asiassa, jos omaamme sādhana-catuṣṭaya saṁpattia suuressa määrin, ātma-jñānaṁ herää meissä hyvin nopeasti, kun guru opettaa meitä, jonka seurauksena niṣṭḥa herää meissä lähes itsestään.

Mutta kuinka saavutamme tämän? Se tulee, kun elämme arvojen mukaista elämää – ystävällistä ja totuudellista, kärsivällistä, myötätuntoista ja nöyrää elämää. Se tulee harjoittaessamme karmajoogaa ja itsekurin sävyttämää meditaatiota. Voimme kenties ymmärtää vedāntaa harjoittamatta näitä asioita ja saavuttamatta sādhana-catuṣṭaya saṁpattia. Voimmehan tänä päivänä opiskella vedāntaa yliopistossakin. Opiskelijat ja heidän professorinsa eivät kuitenkaan saavuta valaistumista. Miksi? He ovat saaneet tiedon, mutta jättäneet sādhana-catuṣṭaya saṁpattin väliin. Meidän tulee ymmärtää, että emme voi saavuttaa Itsen tietoa tällaisella alennuksella. Jos ymmärrämme vedāntaa, mutta koemme että emme ole saaneet osaksemme sen myötä tunne-elämän hyötyä, silloin ongelma piilee mielen hienostuneisuuden puutteessa. Siinä tapauksessa meidän tulee lisätä ponnistuksiamme kehittääksemme itsessämme sādhana-catuṣṭaya saṁpattia. Itse asiassa edes sannyāsien ei tulisi koskaan luopua sādhana-catuṣṭaya saṁpattin itsekuriharjoitusten suorittamisesta.

Paras tapa varmistua siitä, että olemme ahkeria sādhana-catuṣṭaya saṁpattin harjoittamisessa, on ylläpitää läheistä ja antautunutta yhteisyyttä Amman kaltaiseen sadguruun. Antaumuksellinen suhde guruun on paras tapa ylläpitää vakaata suhdetta tällaisiin itsekuriharjoituksiin. Amman täydellisyyden muodostamassa kirkkaudessa meidän mielemme puutteet paljastuvat. Kohdatessamme nämä puutteemme gurun rohkaisu ja meidän antaumuksemme vievät yhdessä meitä eteenpäin. Tämä yhdistelmä johtuu armosta ja se tuo mukanaan lisää armoa. Käytännön tasolla armo on aina tarpeen. Armo puhdistaa mieltä. Armo voimistaa suhdettamme guruun. Armo saa meidät seuraamaan gurun ohjeita, armo auttaa meitä ymmärtämään gurun opetuksia, armo saa meidät sisäistämään sen mitä olemme ymmärtäneet. Kaiken kaikkiaan, armo on tarpeen. Niin kuin Upaniṣadeissa sanotaan:

yasya deve parā bhaktiḥ yathā deve tarthā gurau |
tasyaite kathitā hyārthāḥ prakāśsante
mahātmanaḥ ||

Vain suurisieluiselle, joka omaa korkeimman antaumuksen
sekä Jumalaa että gurua kohtaan, paljastetaan
se mistä (Upaniṣadit) puhuvat.[53]

Niin kuin Amma mielellään sanoo: ”Ei riitä, että sanoo, ¨Minä olen Brahman’. Meidän tulee ilmentää Brahmanin olemusta toimillamme. Jos joku moittii meitä, meidän tulisi olla tyyniä eikä suuttua. Meidän tulisi harjoittaa erottelukykyä: ¨Minä en ole keho, minä olen ātmā. Jos minä olen ātmā, ei ole syytä suruun. Ihminen ansaitsee tulla tunnetuksi hänenä, joka on saavuttanut Brahmanin, kun hän omaa ei-vihastumisen asenteen. Siinä tilassa hän ei koe alemmuutta eikä ylemmyyttä. Kaikki on meidän sisällämme. Me olemme Brahman. Mutta ei riitä, että sanomme näin. Tunne siitä, että olemme Brahman, tulisi herätä sisällämme. Sekä jakkipuun hedelmä että sen siemen ovat Brahman. Jakkipuun hedelmä lahjoittaa meille makeutta, mutta siemen ei siihen kykene. Sen tulee ensin itää, siitä tulee kasvaa puu ja sitten sen kantaa hedelmää. Siihen asti siemen ei ole sama kuin puu tai sen hedelmä. Puu on siemenen sisällä, mutta piilevässä muodossa. Jos siemenestä huolehditaan ja sen annetaan

[53] Švetāśvatara Upaniṣad, 6.23.

kehittyä, siitä voi kasvaa puu. Samalla tavoin me voimme saavuttaa Brahmanin tilan, jos yritämme. Mitä järkeä on siinä, että me kutsumme itseämme Brahmaniksi, kun juoksemme ruoan ja vaatetuksen perässä pitäen kehoa ikuisena? Katso mahātmoja. He eivät vihaa ketään. He ovat hymyillen kaikkien seurassa. He johdattavat maailmaa nähden kaiken tasa-arvoisin silmin. Meidän tulee noudattaa tässä heidän esimerkkiään. Säännöllisten itsekuriharjoitusten aidan tulee suojata henkisyyden nuorta kasvia maallisuuden eläimiltä."

Pyrkikäämme siis ymmärtämään ja soveltamaan käytäntöön pyhien kirjoitusten ja Amman opetuksia uskolla ja antaumuksella. Eläkäämme juurtuneina sellaisiin yleismaailmallisiin arvoihin kuten myötätunto, epäitsekkyys ja nöyryys. Kehittäkäämme takertumattomuutta itsekkäitä yllykkeitämme kohtaan. Palvelkaamme maailmaa vilpittömästi, ystävällisesti, takertumattomasti ja huolehtivaisesti. Tällä tavalla – kun tietoisuutemme on vakaa ja mielemme tulee yhä puhtaammaksi ja puhtaammaksi – jumalallinen todellisuus tulee meille asteittain yhä todellisemmaksi kokemukseksi sekä sisäisesti että ulkoisesti. Tällä tavoin me tulemme kykeneväisiksi sekä ymmärtämään vedāntaa että – Amman tavoin – kykeneväisiksi elämään vedāntan mukaisesti.

Marraskuussa 2019 Amma oli Euroopassa viimeisellä kansainvälisellä kiertueellaan ennen koronaepidemiaa ja pitkäaikaista maailmanlaajuista sulkua. Pitkän darśanin lopulla Marseillessa, Ranskassa, joka oli jatkunut ilman taukoa aamuun asti, Amma puhutteli oppilaitaan. Katsoessaan tuhansia ihmisiä, joita hän oli halannut tuona päivänä, Amma sanoi:

"Näen monien teistä olevan surullisia. Miksi olette niin surullisia? Jos vain kykenisitte näkemään sen mitä minä näen. Sillä minä näen äärettömän, uskomattoman suuren ilon, joka on jokaisen teistä sisällä. Sen yllä on useita surun peittoja, sen tähden, ette näe sitä. En voi tuoda sitä teille esille. Mutta teille sen tulisi olla helppoa. Teidän tulee vain ymmärtää, että se on siellä. Se on *siellä*! Se on *siellä*!"

Amma sanoi, että hänestä tuntui, että suurin osa heistä ymmärsi vedāntan perusteet, mutta ongelma oli siinä, että heidän ymmärryksensä ei ole juurtunut rauhalliseen ja itsekurin täyteiseen mieleen. Hän painotti yhä uudelleen ja uudelleen sitä, että jotta advaitan Itse-tuntemus voisi kantaa hedelmää, meidän tuli ensin tehdä mielestä hiljainen ja hienosyinen erilaisten henkisten harjoitusten avulla: epäitsekkäillä teoilla, meditaatiolla, noudattamalla erilaisia arvoja ja intohimottomuudella, ja niin edelleen.

Vaikka Amma oli antanut darśania keskeytyksettä 12 tuntia ja vaikka seuraavan aamun ohjelma ei ollut enää kovinkaan kaukana, Amma ryhtyi laulamaan Nirvāṇa Šaṭakam-laulua. Tämä on stotraṁ, jonka Šaṅkarācārya on kirjoittanut, niin kuin olen aiemmin maininnut tässä kirjassa. Kolme neljäsosaa jokaisesta jakeesta erittelee erilaisia puolia kokemusmaailmastamme – kehoa, mieltä ja niin edelleen – jotka eivät ole Todellinen Itse. Viimeinen neljännes julistaa voitokkaasti *cid-ānanda-rūpaḥ śivo'haṁ śivo'ham* – "Minä olen Šiva, joka on puhdasta tietoisuus-autuutta, minä olen Šiva."

Amma kertoi kaikille oppilaille, että kun he lauloivat bhajania, heidän tulisi sulkea silmänsä ja unohtaa kaikki sidoksensa. Amma sanoi:

"Tässä mainittu Šiva ei ole Šiva, Jumala. Se viittaa Paramātmāan, Korkeimpaan Itseen. Vähintäänkin tämän laulun ajan, sulje silmäsi ja unohda kuka sinä olet. Unohda kaikki se ja kun laulat, usko, että 'Kyllä, minä olen Korkein Itse. Minä olen Korkein Itse."

Kun Amma lauloi bhajania, niin aina kun viimeinen neljännes tuli kohdalle, hän osoitti oppilaitaan ja sitten omaan itseään kuin sanoen: "Se on sinä! Se on minä. Se on meitä kaikkia koskeva totuus." Šivo'haṁ śivo'haṁ."

Tämä on Amman ja advaitan perimmäinen opetus: Sinä olet ikuinen rauha ja onni, jota olet etsinyt koko elämäsi ajan. Sinä et ole keho etkä mieli. Sinä olet puhdas olemassaolo-tietoisuus-autuus. Sinä olet se jumalallinen lanka, johon kaikki sydämet on pujotettu. Kaikki nimet ja muodot nousevat sisältäsi, niitä ylläpidetään sinussa ja ne palaavat jälleen sinuun ikuisessa kiertokulussa. Ollessasi kaiken läpäisevä perusta, mikään ei voi koskettaa sinua, vielä vähemmän vahingoittaa sinua. Sinä olet tuo totuus. "Se sinä olet! Se sinä olet!"

Ymmärtäkäämme tämä Amman armosta, arvostakaamme sitä ja pyrkikäämme elämään tämän kaikkein syvimmän totuuden mukaisesti.

|| *oṁ lokāḥ samastāḥ sukhino bhavantu* ||

"Olkoot kaikki olennot kaikkialla onnellisia."

www.ingramcontent.com/pod-product-compliance
Lightning Source LLC
LaVergne TN
LVHW051738080426
835511LV00018B/3124
* 9 7 8 1 6 8 0 3 7 9 2 7 3 *